U0893585

1. 中国社会科学院小语种与科研亟需人才出访研修资助项目成果
2. 2019年度北京高等学校高水平人才交叉培养“实培计划”项目成果
3. 中国社会科学院法学研究所2021年度创新工程项目成果
4. 北京警察学院重点科研项目“金融犯罪取证规则研究”(2021KZD15)经费资助

跨学科交叉研究方法的中国实践

以若干刑事领域问题为切入点的探索

马可　陆栋　田霖◎著

当代中国出版社
Contemporary China Publishing House

图书在版编目(CIP)数据

跨学科交叉研究方法的中国实践：以若干刑事领域问题为切入点的探索 / 马可，陆栋，田霖著. -- 北京：当代中国出版社，2021.12
ISBN 978-7-5154-1156-9

Ⅰ.①跨… Ⅱ.①马… ②陆… ③田… Ⅲ.①刑事犯罪—研究—中国 Ⅳ.①D924.04

中国版本图书馆 CIP 数据核字（2021）第 269170 号

出 版 人　冀祥德
责任编辑　陈　莎
责任校对　康　莹
印刷监制　刘艳平
封面设计　胡椒设计
出版发行　当代中国出版社
地　　址　北京市地安门西大街旗勇里 8 号
网　　址　http://www.ddzg.net
邮政编码　100009
编 辑 部　（010）66572180
市 场 部　（010）66572281　66572157
印　　刷　北京润田金辉印刷有限公司
开　　本　710 毫米 × 1000 毫米　1/16
印　　张　13.5 印张　2 插页　178 千字
版　　次　2021 年 12 月第 1 版
印　　次　2021 年 12 月第 1 次印刷
定　　价　68.00 元

版权所有，翻版必究；如有印装质量问题，请拨打（010）66572159 联系出版部调换。

目　录

第一章　跨学科交叉研究方法在法学领域的探索

——世界一流大学法学院的实践

跨学科交叉研究方法，已经成为目前国际学术界最重要的研究方法。这种研究方法在社会科学领域的实践，极大地开拓了人类人文社会领域研究的思路。世界一流大学的法学院纷纷参与跨学科交叉研究的大趋势中，将经济学、社会学、伦理学、心理学、人类学等学科与法学研究相结合，在法学一级学科内部则鼓励各部门法之间的交叉研究。这种跨学科的交叉研究，提供给法学学者大量崭新的思路，笔者受这种国际化的跨学科交叉研究方法的启发，在本书中也尝试对我国若干刑事领域问题运用这种方法进行分析和探索，例如：以法学（证据法/刑法）、侦查学和金融学理论交叉研究金融犯罪刑事证据运用的逻辑，以社会学、刑罚学和被害人学理论交叉研究校园霸凌的社会综合治理问题，以侦查学、证据学、刑事诉讼法学和宪法学的理论交叉研究如何建立搜查措施的适用条件（证明对象）和证明标准，以军事法、战争法和刑事诉讼法理论交叉研究海外派遣军事人员刑事司法管辖豁免问题，以法学、伦理学和社会心理学的理论交叉研究侵犯信息安全的规制问题，并分别将这些问题的跨学科交叉研究设置为第二至六章，本章则作为首章提纲挈领。

第一节
域外跨学科交叉研究的大趋势

一、跨学科交叉研究的出现

人类自数万年前进化为智人后，最主要的社会规律和行为规律似乎就是社会分工。这一规律是人类群体社会化程度不断提高和进步的标志。社会分工作为一条主线贯穿旧石器时代和新石器时代，又在上古、中古和近古发挥了加速器的作用。任何人都无法否认人类所取得的巨大成就来源于社会分工的巨大影响。在人类社会的发展过程中，社会分工起到了强有力的促进作用，它的影响及于人类社会的方方面面，极大地加快了知识的产生和科技的进步。

越是原始的初级的社会，社会分工就越粗糙，每个人往往都是全能型选手。比如居住在俄罗斯北极附近的因纽特人，他们的社会分工就是简单的男人打猎女人操持家务。每一个男人都是好猎手，既会捕海豹又会捕鱼，女人则既会烹调食物，又会缝制衣物。在原始的因纽特人社会，没有商人，每个家庭与其他家庭之间直接进行物物交换。进入更高级的社会形态之后，往往会出现独立的猎人、农民、厨师、裁缝和商人的社会分工，不同的职业各司其职，其结果是猎物越来越多、粮食越来越多、烹调越来越美味、衣服越来越漂亮、商品越来越丰富。科学、技术和知识领域的社会分工也与此相似。在古希腊时代，哲学家是科学家的代名词，不仅要会形式逻辑和辩论，还要掌握数学、物理和化学，所以哲学家阿基米德才会为数学、物理学和天文学作出贡献（如阿基米德定律）。知识、教育和科学领域的社会分工，提高了不同学科知识的生产速度，推动了科学和技术的高速发展。文艺复兴和工业革命之后，这一趋势更加明显，学科分类越来越细，学科设立越来越多。科学和技术日新月异，形成了知识大爆炸的局面，以此为基础的四次工业革命把人类文明推进到一个非常高的水平。

各学科的独立发展，逐步形成了自洽的逻辑体系。特别是社会科学领域，甚至有形成自洽的半封闭、封闭系统的倾向。"隔行如隔山"越来越严重。比如，笔者学习法律出身，最近开始学习宏观经济学，从名义GDP到真实GDP，从消费价格指数到GDP平减指数，从名义利率到真实利率，这些基本的概念笔者理解起来都很吃力。就是因为经济学和法学的分野已经非常明显，法律学科的博士后初学经济学时，并不比高中生有优势，完全无法使用法学的知识解决经济学的问题，因为二者没有共通性。而在现实生活中，只懂法学不懂经济学恐怕无法理解纷繁复杂的社会生活，大量的问题需要经济学和法学的知识共同解决。

英国学者吉本斯提出新的知识生产方式，命名为"知识生产模式II"，并强调指出：真实的社会应用情景是"知识生产模式II"的最根本特征，应用情境是指社会实践赋予知识生产的动力。

"知识生产模式II"中的知识生产动力不再局限于学术社群中学究式的纯粹理论或者思辨探索，而是来源于真实生活中社会实践的应用需求，知识生产在更加广阔的、跨学科的社会应用情境中进行。哪些问题值得研究应由社会实践决定，知识生产和理论研究应当服从于社会实践的需求，能够为现实问题提供可行的解决方案是知识正当性的评价标准，因此，"知识生产模式II"具有强烈的问题导向和应用导向。"知识生产模式II"的应用情境必然要求打破学科界限，采取跨学科研究，不同学科知识在摩擦和碰撞中产生新知识、新理论。[①]

实际问题的解决往往不能只依靠单一学科的知识。在生产实践和生活实践的应用中，会自觉不自觉地综合运用不同学科的知识以解决各种实际问题。此时大量的新知识以“知识生产模式II”的模式产生。跨学科交叉产生的新知识，是自然科学和社会科学不同学科交叉研究的产物。这种跨学科研究鼓励不同学科领域知识结构、思维方式和研究范式的交叉融合，是运用多元的视角和手段分析解决问题的理念的重构。

正如美国科学、工程和政策委员会在其编写的《促进跨学科研究》中所指出的：“跨学科研究与教育是受复杂问题的解决需求驱动而产生的。”跨学科（Interdisciplinary，亦译为“交叉学科”）最早出现于20世纪20年代中期西方文献中，系指超越一个单一的学科边界而进行的涉及两个或两个以上学科的知识创造与传播活动。美国国家科学院促进跨学科研究委员会认为，跨学科是指通过“整合两个及更多学科或专业知识体系的信息、数据、技术、视角、概念以及理论来促进基础理解或解决单一学科或领域难以解决的问题”[②]。

二、域外的跨学科交叉研究

目前，国际教育界和科学界都已形成共识，即传统的学科分类和教育方式在许多方面限制了原始创新的产生，也不利于创新型人才的培养。因此，欧美的绝大多数大学中都建立了跨学科的研究和教育机构，也催生了一批新兴学科和研究领域，如脑科学、纳米科技、可持续发展等。另外，现代大学学科交叉活动已经频繁地反映在大学与产业界、政府的互动合作的关系上。

① 参见武西峰：《法学跨学科研究的中国之道》，《学术论坛》2021年第3期。

② 参见韩大元、杜焕芳、路磊、宫世霞：《跨学科教育与研究：新时代法学学科建设的实现路径》，《中国大学教学》2018年第4期。

欧美一流大学一般都建有“跨学科研究中心”，这些跨学科研究机构所涉及的学科交叉非常丰富和复杂，大体可以分为三大类：（1）自然科学与技术学科之间的交叉。在原有传统自然学科边缘或共同地带，由于实际的研究问题需要，相近的学科通过交叉，相互借鉴以期更好地把握自然现象或解决实际的技术问题，如美国耶鲁大学艾滋病交叉研究中心。（2）人文社会科学之间的交叉。从多个社会科学角度对社会问题或人文现象进行把握，研究机构中不同人文社会科学学科交叉渗透，如美国加州大学圣巴巴拉分校交叉人文中心。（3）自然科学技术学科与人文社会科学之间的交叉。面对复杂的研究对象或全球性问题，传统的自然科学技术和人文社会科学的学科划分无法应对研究的实际需求，此类机构从整体着眼，积极推进采取更深程度上的科学交叉，如以色列海法大学情感交叉研究中心。

这些研究组织的跨学科性往往非常强。如康奈尔大学非线性系统研究生交叉培养项目，研究涉及从物理学、机械工程、计算科学到生命科学、社会学和金融研究等广泛领域。将来自不同研究领域的研究生聚合在一起，进行非线性系统方面的教育和培训，开展相应的研究，并鼓励学生将理论、计算和经验数据结合起来。

又如乔治·梅森大学经济学交叉学科研究中心，包括三个研究和教学领域：经济系统设计、行为和神经经济学、实验经济学。这一中心有别于传统的经济学研究机构，它广泛地运用不同学科的概念和方法，其研究内容涉及经济学、金融学、工程学、心理学、神经科学、计算机科学和哲学。其中经济系统设计运用计算机辅助技术进行某些市场的设计和测试，如拍卖交易、电力市场、污染权交易等，已经取得很大成功。行为和神经经济学则源于议价实验，它将心理学、经济学、生物学和哲学联系在一起，主要研究由博弈和神经进化驱动的双人战略互动实验中的决策问题。实验经济学则将实验室方法运用到一般的经济学研究和教育中。这些工作已经催生了经济学研究的全新领域，该中心的弗农·史密斯（Vernon L. Smith）和普林斯顿大学的丹尼尔·卡内曼（Daniel Kahneman）分享了 2002

年度诺贝尔经济学奖。①

三、我国学界的有益尝试

在1985年4月召开的我国首届交叉科学学术讨论会上，钱三强先生发表了题为《迎接交叉科学的新时代》的重要讲话，钱先生表示，可以预料，在某种意义上说，20世纪末到下一个世纪初将是一个交叉科学的时代；从近来诺贝尔奖获得者的人选可明显看到，物理学和化学之间，旧的学术界限已在不同方面被突破。它们不仅相互交叉，而且形成了没有鲜明界限的连续区，甚至生物学和医学等其他学科，也发生了同样的关系。可见，早在20世纪80年代中期，中国就与世界同步地认识到跨学科研究的重要性及发展趋势。

钱学森先生等人经过长期观察，极具洞见地提出了"开放的复杂巨系统"的重要理论，这不仅开创了新的科学研究领域，更重要的是该理论的重大方法论意义——社会由一个极其复杂的系统构成，只有综合运用多学科知识和多种研究方法才能有效解决实践问题。此后，我国理论界开始持续关注并大力倡导跨学科研究。

我国的跨学科研究一开始主要集中在自然科学领域，虽然缺少精细化的深入讨论，但是为日后的进一步探索奠定了坚实的思想基础，指明了未来的发展方向。

进入21世纪，教育学界率先显示出对跨学科研究的浓厚兴趣，认识到社会科学、人文科学与自然科学相互交叉的重要性，有学者旗帜鲜明地提出，文科也要交叉，并且必须交叉。一些大学管理者也开始思考跨学科研究的建设路径和制度设计问题，一致认为科学研究的起点不在于学科而在

① 参见赵晓春：《跨学科研究与科研创新能力建设》，中国科学技术大学2007年博士学位论文。

于问题，跨学科研究是一种不可更改的发展趋势。[①]

《中国国家标准学科分类与代码》的学科分类标准中，人文科学部类分为马克思主义、哲学、宗教学、语言学、文学、艺术学、历史学、考古学、经济学、政治学、法学、军事学、社会学、民族学、新闻学与传播学、图书馆、情报与文献学、教育学、体育学、统计学20个一级学科。如果按大学的学科建制习惯，将心理学和管理学划归人文社会科学，那么人文社会科学的一级学科将达到22个。

与自然科学类似的情况是，目前我国人文社会科学部类跨学科研究发生状况不是均态的，甚至比自然科学跨学科发生状况更不均匀，如一级学科马克思主义，有若干个分支学科，也有向其他学科转移形成的跨学科，比如马克思主义哲学史，但没有其他学科理论和方法转移到马克思主义形成的跨学科。这与自然科学一级分支学科都有跨学科的状况有很大区别。同时，人文社会科学形成的跨学科数量相对于自然科学要少得多，即使是最多的哲学跨学科数量也要远远小于自然科学中的物理学和化学。第三个与自然科学不同的是，人文社会科学各个一级学科内部分支学科的跨学科数量很少，几乎没有，这一点与自然科学不太相同。[②]

① 参见武西峰:《法学跨学科研究的中国之道》,《学术论坛》2021年第3期。

② 参见赵晓春:《跨学科研究与科研创新能力建设》，中国科学技术大学2007年博士学位论文。

第二节
域外跨学科交叉研究的法学实践

法学是关于规范和强制力的学科。鉴于人类社会的复杂性，当人类社会各个领域的规范需要上升或固定为那个领域的法律时，它就必然会与这个领域发生关系，形成某种交叉。文明越发展，经济形态越复杂，法律的门类也就越多越复杂。比如处于农耕文明的中华法系，就只有刑事法律和行政法律部门。而罗马帝国商业发达，因此拥有民法这一法律部门。这归因于古代欧洲贸易的发展，以合同法为代表的商法出现并不断完善。进入现代，随着罗斯福新政和国家资本主义的出现，经济法相应出现。随着福利主义的出现，劳动法和社会保障法随之出现。随着污染不断加重，环境保护法也开始制定。由此可见，法学作为一门关于规范和强制力的学科，似乎可以与任何领域结合——与航天领域相结合就是空间法，与军事领域相结合就是战争法，以此类推。这实际上说明法学本身就具有与各学科交叉的一种属性。

法学与其他学科的跨学科研究，会给法学研究带来新的生命力。因此，世界一流大学的法学院无不重视跨学科研究，始终不断推动法学与其他学科融合。剑桥大学法学院依托深厚的哲学和社会学基础成立法律与政治哲学中心、社会法学研究中心等研究机构。斯坦福大学建立法律与历史研究中心、法律研究与写作研究中心等。一向以法经济学研究著称的芝加哥大学法学院不仅关注法学和经济学的融合，还建立了法律、哲学与人文价值中心。就连相对保守的名校斯坦福大学法学院也加入这个行列，建立了法律、科学与技术研究中心，致力于该类型的法学跨学科研究。另外，即使传统上认为是典型的法学学科内的研究，世界一流大学的法学院也要求综合使用多学科的理论或者视角，如剑桥大学法学院私法研究中心明确要求使用教义的、理论的、实证的、历史的以及比较的各种视角。

一、法律经济学的实践

将其他学科的理论视角和研究方法应用于法学研究，是法学学术创新的重要途径，能够开创新的法学研究领域，芝加哥大学法学院就是最典型的例子。芝加哥大学被誉为世界经济学的殿堂，培养了一大批诺贝尔经济学奖得主。从20世纪60年代开始，芝加哥大学法学院充分利用自身优势，从经济学院聘请了一大批著名经济学家开展法学研究，推动法学与经济学的融合贯通，开创了法律经济学派。

新制度经济学的创立者、诺贝尔奖经济学奖得主罗纳德·科斯（Ronald H. Coase）从交易费用出发，在法学与经济学交叉地带开创了新的理论领域，不仅用于企业成本分析，而且用来分析政府的权力运行。另一位芝加哥大学的法学教授，1992年诺贝尔经济学奖得主盖瑞·贝克（Gary S. Becker），将经济学理论和方法扩展到非经济学领域，用经济学视角看待和解释犯罪法律现象，将犯罪成因的复杂因素变成犯罪的成本和收益、定罪的概率和惩罚力度等，为解释犯罪现象提供了新的理论视角。

芝加哥大学法学院在此基础上，先后成立了科斯–桑德尔法律经济学研究所、贝克·弗里德曼经济学研究所，大力开展开创性跨学科研究。一个有趣的现象是，法律的经济分析在遵循传统的其他大学法学院也同时开展起来。耶鲁大学法学院一向以传统的理论研究著称，但是盖多·卡拉布雷西（Guido Calabresi）教授将经济分析应用到了侵权领域。1991年，美国法律经济学联合会将卡拉布雷西等人同时评为法律经济学派的创始人，原因在于他们的开创性跨学科研究。

二、基于经验观察的法社会学

罗伯特·埃里克森（Robert C. Ellickson），美国当代杰出的财产和城市法学者、耶鲁大学法学院沃尔特·梅耶财产和城市法讲席教授，通过对美国农村邻里之间产权纠纷解决方式的经验观察作出新的法律判断，他认为民间规范而非法律规则，才是此种情况下权利的重要来源。在这种经验观察的基础上，他提出了“无需法律的社会”的重要概念。这种以观察经验为基础的法学研究本质上也是跨学科的，在中国法学学术中常以法社会学的面目出现，它关注行动中的法、生活中的法。这些法律现象在中国广大农村大量存在。例如，即使是最重要的宅基地和房屋等产权转移，农民也大都不采用“合法”的形式订立正式的书面契约，而往往在邻里信任的基础上通过口头协议进行产权转移，这种做法不仅没有产生大量的法律纠纷，而且节省了时间等成本资源。通过对这些法律现象的经验观察，开展跨学科研究往往能够提出新的法律观点，发展出新的法学理论。

三、数据基础上的法实证研究

与观察经验相似，还有建立在数据基础上的法学跨学科研究，经常表现为法实证研究。这一研究被公认是最近几十年来法学研究的最重大成果之一，极大地丰富和发展了法学研究方法论体系，在西方法学中经常被称为“科学化法学研究”。在方法论基础上，它旨在追求卡尔·波普尔（Karl Popper）意义上的客观性知识，采用证伪的思想，崇尚自然科学主义，借助近代计量经济学和统计学的理论及方法构建模型，然后以随机数据来检验理论假设。以托马斯·尤伦（Thomas S. Ulen）教授为代表的一批当代法实证研究人员从事这种研究，取得了一系列重大成果，甚至有人认为他们可以获得法律科学的诺贝尔奖。

四、实验法学的兴起

在上述法学跨学科研究的基础上，实验法学研究进一步兴起和发展。在美国最高法院审理达伯特诉梅瑞尔·唐制药公司案中，法医证据充当了关键角色，开启了美国证据科学的先例，法学研究开始探索如何借鉴实验经济学开展法律实验。科学证据在司法裁判中的运用，实际上是一种证据科学运动，已经引起我国法学研究者的注意。我国司法实践中实验证据大量存在，比如各种鉴定意见、鉴定人出庭支持诉讼、犯罪现场模拟勘查等，应当顺应这种发展趋势，推动法学与法医、物证鉴定、声纹和语音鉴定等证据科学联合开展跨学科研究。[①]

五、域外研究对我国的启示

如果我们聚焦我国法学领域的跨学科交叉研究，可以发现我国的探索和实践还非常初步。例如，法经济学早已是一种常见的跨学科研究方法，但我国的法经济学研究还十分小众。能够从事法经济学研究的往往是经济学或管理学的学者，而非法学学者。经济学或管理学学者的法学修养往往流于形式，浅尝辄止，懂经济学的法学学者则是凤毛麟角，屈指可数，这就使得法经济学研究的开展还处于起步阶段。再如，始于社会学的实证研究，在欧美早已被运用于各种法学研究领域，在国内却并不普及。比如，犯罪学和被害人学可以视为法学理论和社会学研究方法的交叉领域，在国内被长期边缘化。在国内，犯罪学和被害人学运用实证研究方法研究最常

---

① 参见武西峰：《法学跨学科研究的中国之道》，《学术论坛》2021年第3期。

见的也就是分发调查问卷。调查问卷的分发、填写也往往流于形式，为完成工作，代填乱填的比例不低。除了个别研究机构，获得司法数据非常困难，田野调查法和访谈法在涉及较敏感问题时也难以开展。

改革开放以来，中国经济获得了极大的发展，国民生产总值目前已达到世界第二。在整体国力提升的同时，人民生活水平也获得了极大的改善，我国人均GDP已达到世界平均水平。经济上的成功，必然带来知识和文化领域的巨变。我国的人文社会科学领域，特别是法学领域取得了长足进步。尤其是中国加入WTO以来，法律制度进一步完善，大量法律规范得以制定和修改，一个全新的、现代化的社会主义法律体系已经建立起来。长期以来，世界的主导国家往往既是科学技术的引领者，也是人文社会科学的引领者。比如，当欧洲主导世界时，欧洲的科学技术和哲学也引领了世界。当美国主导世界时，美国的科学技术和社会学也引领了世界。今天，在中国日益走近世界舞台中央时，我国的人文社会科学也应当引领世界。或者说，在人文社会科学研究领域，我们的研究方法即使暂时不能引领世界，最起码也要与世界接轨，要追赶上世界主流研究的脚步。就法学领域而言，推广本节所述的几种跨学科交叉研究方法，拓宽我国法学研究的广度，恐怕应该是立于时代潮头的中国法学学者应当努力的方向。

第三节
以若干刑事领域问题为切入点的探索

事实表明，在重大基础理论创新和前沿科技领域取得突破的国家无不重视跨学科交叉研究，纷纷将跨学科交叉研究确立为新的国家发展战略。近年来，美国和欧洲主要国家纷纷开展跨学科交叉研究专项行动，力图打破学科界限，破除跨学科交叉研究的制度壁垒。美国国家科学院实施“国家科学未来倡议”（NAKFI），投资4000万美元用于跨学科交叉研究。统计显示，从20世纪70年代中期以来，美国跨学科博士学位的项目总数从674个快速增长至1663个，增长了大约150%。荷兰国家科学院也推出跨学科计划，鼓励开展跨学科研究，调查表明已经有40%的研究项目属于跨学科交叉研究。另一项实证研究也表明了跨学科交叉研究的全球性发展趋势，《科学引文索引》（*Science Citation Index*，简称SCI）标题中含有“多学科”或“跨学科”的研究覆盖了全球主要发达国家。域外实践表明，只有将跨学科视为一项发展战略，才能快速推动跨学科交叉研究项目的发展和落实。

一、牛津大学讲座对本书研究的启发

跨学科交叉研究方法，已经成为目前国际学术界最重要的研究方法。这种研究方法在社会科学领域广泛实践，开拓了人类人文社会领域研究的思路。无数匪夷所思的视角和闻所未闻的思考，让人类以全新的角度审视他们自以为熟悉的世界，让他们对众多熟视无睹的老问题重新加以思考。这种跨学科的研究方法是令人震撼的。笔者在牛津大学访问学习期间，在牛津大学生态学院听了一次讲座，讲座的名字是“东南亚珍稀类人猿灭绝危机与中国‘一带一路’倡议”。生态学院研究生物学问题和生态保护问题都让人容易理解，分析东南亚珍稀类人猿的灭绝危机也是该学院科学研究的题中应有之义。但是这种生物学研究或生态学研究竟然能和中国的“一带一路”倡议联系上，也真是让人感到匪夷所思。为了这个奇怪的题目，我全程参加了这个讲座。讲座人的观点是：由于中国推进“一带一路”倡议，向印度尼西亚政府提供资金，使其有能力开始基础设施建设，而基础设施建设造成印度尼西亚的热带雨林被大规模的砍伐，而热带雨林恰恰是珍稀类人猿生活的家园。热带雨林被破坏，意味着东南亚珍稀类人猿生存领地的减少，而适合生存领地的减小，造成了这些珍稀类人猿的灭绝。很显然，讲座人的观点是错误的，东南亚珍稀类人猿的灭绝危机与中国的“一带一路”倡议并无关系。造成其生存领域减少的原因是当地政府的管理不善和不科学无节制的乱砍滥伐。如果有人需要对珍稀类人猿灭绝危机负责，也应由缺乏生态保护意识的印度尼西亚当地政府负责，与中国的“一带一路”倡议无关。不过，虽然讲座人的因果关系找错了，但是他的这种研究视角可以给我们使用传统研究方法的人以极大的启发。讲座人用政治、经济和外交的视角研究生物学和生态保护问题，一个研究跨越了生物学、生态保护、人文地理、国际贸易、政府间合作等数个学科和研究领域。这种宏大的视角、广阔的视野、高屋建瓴的眼界都与传统的条块分割式的孤立的学科研究不同。这种全新的研究方法可能会出错，但是绝对打开了通往未知世界的另一扇窗，为人类探索事物内在未知的联系提供了意想不到的思路。

二、本书的研究思路和章节构成

在世界一流大学法学院中，跨学科交叉研究已经成为一种主流研究范式。在跨学科交叉研究的世界大趋势面前，中国学者也同样在法学领域开始了实践。在这里，笔者要区别一下跨学科研究和交叉研究的不同。在一般语境下，跨学科研究多指跨越法学和另一个或另几个一级学科的多维度研究，例如法学和社会学的跨学科研究、法学和经济学的跨学科研究。而交叉研究多指法学一级学科下的几个法学二级学科的多维度研究，例如刑法和民法的交叉研究、犯罪学与刑罚学的交叉研究。①跨学科研究和交叉研究二者在研究跨度上是有程度差别的，不过我们也没有必要为了符合国际趋势就刻意地追求研究跨度较大的跨学科研究，而忽视跨度没有那么大的交叉研究。一切法学研究的出发点和目的都是要解决现实生活中与法律有关的难题，只要能够找到好的解决方案就可以，也就是“不管黑猫白猫，抓住耗子就是好猫”。无论是跨学科研究还是交叉研究，都能够为我们提供新的角度和新的思路，所以我们不如就将其统称为“跨学科交叉研究”。笔者在10年的司法职业生涯中，先后有过律师、警察和法官的司法实践，感觉到复杂的案件一般都需要法律之外的知识才能综合解决。在此后10年的法学科研经历中，则一直以刑事法研究为主，通过二级法学学科交叉研究的方法，运用刑法学、刑事诉讼法学、犯罪学、被害人学、行政法学、民法学和宪法学的知识，研究比较复杂的法律问题，有时也试图用社会学的实证方法分析这些问题。在美国哥伦比亚大学和英国牛津大学的两段留学经历，让笔者对世界一流大学法学院的研究方法有了直观的认识，从开始时的莫名其妙和震惊，到后来的深以为然和赞同。位于世界大都会纽约的哥伦比亚大学和位于不列颠内陆小城牛津的牛津大学，其法学院（法学学部）都有胸怀世界的宏大研究思路，不仅关注当代，还关注过去和未来；

① 为了便于区分，本节之前论述的内涵外延分别界定“跨学科研究”和“交叉研究”。

不仅关注美国、欧洲，而且关注整个世界。其法学研究方法就是笔者介绍的跨学科交叉研究方法，不仅是相关的社会学、政治学可以为法学研究所用，而且与法学风马牛不相及的经济学、人类学甚至生态学都可以用于法学研究。而这种跨学科的交叉研究，提供给法学学者大量崭新的思路。这些思路虽然不乏奇怪可笑者，但也确实有让人耳目一新者，笔者受这种国际化的跨学科交叉研究方法的启发，在本书中也尝试对我国若干刑事领域问题运用这种方法进行分析和探索，概述如下：

（一）金融犯罪刑事证据运用的逻辑

党的十九届五中全会指出，要健全金融风险体系，确保国家经济安全。随着人工智能产业的深度融合，金融犯罪正以电子化、规模化、融合化的浪潮袭来。健全数据安全治理体系，治理金融领域的新型犯罪迫在眉睫。在这一背景下，全新的金融刑事司法领域方兴未艾，然而相关理论尚待开垦。笔者以法学（证据法/刑法）、侦查学和金融学理论交叉研究金融犯罪刑事证据运用的逻辑，将其设置为第二章。本书以证据规则研究为进路，从金融案件刑事证据运用的底层逻辑、诉讼逻辑、侦查逻辑逐步展开，最终落脚于金融犯罪取证规则的构建，并以此为契机，完善中国金融犯罪诉讼证据指南。

（二）校园霸凌的社会综合治理

美国法庭对中国留学生校园霸凌案惩处的严厉程度引起了国内的广泛关注。近些年来，校园霸凌虽然在相关部门的治理下有所遏制，但整体形式仍不容乐观，未成年人犯罪开始引发社会关注。校园霸凌行为不是孤立的、偶发的激情行为，而是青少年群体亚文化追求权势的极端表现。笔者以社会学、刑罚学和被害人学理论交叉研究校园霸凌的社会综合治理问题，将其设置为第三章。本书认为，应当以实事求是的态度探究其原因和解决问题的办法，不能受困于某种观念或理论而在校园霸凌和未成年人犯罪问题上缩手缩脚；应当修改相关未成年人刑事司法制度，将“教育为主、惩罚为辅”的未成年人刑事政策原则落到实处，真正做到“宽容而不放纵”，同时应关注对涉案未成年被害人的保护。

（三）建立搜查措施的适用条件（证明对象）和证明标准

搜查是刑事侦查的重要手段，是刑事诉讼中的重要环节，具有实体与程序双重价值，对于确保公正审判和正当程序具有重要意义。我国对搜查措施的司法审查尚不规范，因此存在滥用搜查措施和违法搜查的问题。党的十八大以来新一轮司法改革是推进搜查制度改革的契机。笔者以侦查学、证据学、刑事诉讼法学和宪法学的理论交叉研究如何建立搜查措施的适用条件（证明对象）和证明标准，将其设置为第四章。本书主张从搜查条件（证明对象）和证明标准的角度对搜查进行证据法规制，旨在通过设定我国搜查措施的启动条件和证明标准，建立与之相适应的配套制度来解决这一问题。

（四）海外派遣军事人员的刑事司法管辖豁免

在政治上，中国作为联合国安理会常任理事国，基于《联合国宪章》被赋予了亚洲和世界领导国家的法理地位，不得不对影响地区稳定的国际事件做出符合职责的反应，包括应联合国要求向海外派遣军事人员。在经济上，随着中国经济的高速发展，我国的商业利益遍布全球。在国外突发事件和危机出现时，中国不得不向海外派遣军事人员打击海盗、护侨撤侨、反击恐怖主义、保护石油和贸易通道。无论出于政治还是经济原因向海外派遣军事人员，都不可避免地会面对海外派遣军事人员的刑事司法管辖豁免问题。笔者以军事法、战争法和刑事诉讼法理论交叉研究这一问题，将其设置为第五章。本书分析了海外派遣军事人员刑事司法管辖豁免研究的必要性和紧迫性、管辖豁免的法律依据、管辖豁免的实现形式、管辖豁免涉及的范围，并对尽快完善海外派遣军事人员刑事司法管辖豁免制度提出了建议。

（五）侵犯信息安全的界定和规制

信息安全，包括个人信息安全、商业信息安全和国家信息安全，都应当受到法律的保护。法律对信息安全的保护是有位阶的，最温和的显然是民事法律保护或民事制裁，比较严厉的应该是行政法律保护和行政制裁，而最严厉的是刑事法律保护和刑事制裁。从犯罪学的角度看，并不是所有的侵犯个人信息安全的行为和侵犯商业信息安全的行为都构成刑法意义上的犯罪。如果存在着阻却刑事违法性的情况，那么该行为就不能做构成犯罪的法律评价。就侵犯个人信息犯罪和侵犯商业秘密犯罪而言，确实存在从伦理学和社会心理学角度依据特定主体产生的阻却刑事违法性的事由。笔者以法学、伦理学和社会心理学的理论交叉研究侵犯个人信息安全和侵犯商业信息安全的规制问题，将其设置为第六章。

第二章　法学、侦查学和金融学的交叉研究

——金融犯罪刑事证据运用的逻辑

党的十九届五中全会指出，要健全金融风险体系，确保国家经济安全。随着人工智能产业的深度融合，金融犯罪正以电子化、规模化、融合化的浪潮袭来。健全数据安全治理体系，治理金融领域的新型犯罪迫在眉睫。在这一背景下，全新的金融刑事司法领域方兴未艾，然而相关理论尚待开垦。笔者以法学（证据法/刑法）、侦查学和金融学理论交叉研究金融犯罪刑事证据运用的逻辑，以证据规则研究为进路，从金融案件刑事证据运用的底层逻辑、诉讼逻辑、侦查逻辑逐步展开，最终落脚于金融犯罪取证规则的构建，并以此为契机，完善中国金融犯罪诉讼证据指南。

第一节
概述

金融犯罪并不是一个新的名词，与财产犯罪不同的是，其关注的不是“财产”而是“秩序”。然而，两者犯罪客体的不同，皆因非法占有财产利益目的趋同，并没有带来侦查取证手段的明显变化。但是，金融犯罪证据的海量性、高权限性、动态性、反渗透性逐渐显示传统侦查取证的捉襟见肘。究其原因，是因为金融的内涵和外延发生了巨大变化。

现象之一，金融外延的扩充。金融犯罪已经由金融系统内部破坏、危害国家金融制度的犯罪（杨春洗，2001）走向了囊括了一切破坏我国资金聚集和分配体系的犯罪行为（李波，2010）。甚至电信诈骗也由于涉及银行、信用卡等金融工具而被冠以“金融犯罪”之名。[①]

现象之二，金融内涵的转变。随着金融市场的急剧扩张和金融市场监管的完善，内部“监守自盗”型的金融犯罪逐渐退出历史舞台，对金融利益的“简单粗暴”地占有、窃取、转移的“黑灰”犯罪已经发展成为利用金融监管漏洞、依托金融创新、结合市场发展的“智慧灵巧”的“白金”犯罪。正如有些学者所述，金融犯罪的外延已经显现“法定犯”转向“观念犯”的倾向（罗开卷、马骏，2016）。与网络结合后，金融犯罪的内涵

①《防范金融电信诈骗：刷单赚佣金　9万打水漂》，手机新浪网视频号，2021年5月13日。

发展成为既不同于传统银行间接融资，也不同于资本市场直接融资的第三种融资模式（李振林，2014）。

现象之三，犯罪方式的多变。由于金融犯罪内涵的转变，对于金融犯罪的界定不再局限于侵犯法益的范围，而是转向对犯罪手段的关注。如金融犯罪分为欺诈或隐瞒、不正当操作或使用、操纵三种与金钱、金融服务或市场有关的犯罪行为（李道进，2009）；或是按照内部的攻击和外部的攻击的犯罪方式（詹德恩，2016）进行划分，或是按照投资方（含代理机构）和融资方（含中介机构）资金流向进行划分（谢杰、朱以林，2020）。互联网金融的出现，更使网络犯罪由手段、方式集中到平台基础的探讨。非法吸收公众存款等涉众型犯罪大幅增长。然而，随着国家金融秩序的整治，网络金融犯罪的平台基础也逐渐消退，与之相关的涉众性金融犯罪退出了金融犯罪研究的热点（杨旭根、尹舒逸，2019）。

伴随着人工智能、区块链、数字货币等网络技术的更迭，金融犯罪以更加智能、更加隐秘、影响更为深远的面目出现。

现象之四，安全格局的提升。随着中央对于国家经济安全的整体规划，金融安全已经上升为国家安全。金融犯罪已经超越了单一经济秩序领域。金融犯罪围绕着妨害对公司、企业的管理秩序罪和破坏金融管理秩序罪两大核心，与侵犯知识产权（侵犯商业秘密罪）、扰乱市场秩序（提供虚假证明文件罪）等高度关联。从国家安全视角出发，金融诈骗可能不再被“金融”犯罪所关注。金融犯罪刑事治理的关注点从间接融资市场走向直接融资市场，最终聚焦于虚假陈述、内幕交易、市场操纵三种类型上。司法实务界也显示出非法集资类犯罪逐渐减少，证券交易类犯罪上升，大规模衍生品发行、交易市场借助区块链、人工智能技术将引发新的犯罪趋势。

目前，公安机关的侦查取证理念仍然沿袭传统财产型犯罪的思维定式，在前期纠结于案件定性，在中期依附于各种监管认定，在后期困窘于财产追赃。动荡时代最大的危险不是动荡本身，而是仍然用过去的逻辑做事。[①]随着未来人工智能技术环境的形成，侦查取证呈现更加复杂化、电子化、智能化趋势。因此本研究主要关注隐蔽性强、犯罪行为难锁定、认定复杂的证券类犯罪。

由此，首要前提就是要认清其刑事证据运行的底层逻辑。这一底层逻辑既包括政策制定的背景，也蕴含着金融犯罪法治思维运行的逻辑前提。

① 陈春花、朱丽：《协同：数字化时代组织效率的本质》，机械工业出版社2019年版，第12页。

第二节
金融犯罪刑事证据运用的底层逻辑

底层逻辑指从事物的底层、本质出发，确定逻辑起点，并以此为出发点寻找解决问题路径的思维方法。金融犯罪刑事证据运用的底层逻辑就是从金融犯罪的法律规定出发，回到立法的背景、渊源、需求，对金融犯罪的刑事司法发展进行证据运用的重新构建，运用规则尝试解决问题，从而树立法治理论自信，达到自洽的证据规则运用。

从2018年《中华人民共和国公司法》(以下简称《公司法》)的修改，到2020年新《中华人民共和国证券法》(以下简称《证券法》)，再到2021年《中华人民共和国刑法修正案（十一）》(以下简称《刑法修正案〔十一〕》)等涉及金融犯罪的法律法规的密集出台，无不彰显了金融监管逻辑起点和金融治理本质。

一、行政调查的强制凸显

基于刑事司法的逻辑，不能“先入为主”地直接确定一个人有罪，再围绕着此人是有罪的想法，去收集和认定证据。《证券法》的出台恰恰可能打破了这一次序。其新增了行政调查诸多措施，并强调了行政强制配合义务。例如，在以往的“询问”或“做出说明”之外，又增加了“按指定的方式报送文件和资料”，在查封之外又增加“扣押”，在查询之外又增加“复制”，限制交易由15日延长为3个月。[①]从刑事程序的角度，这种行政调查的强制性甚至超过了侦查措施，尤其是扣押的强制性在行政法律规定中较为突出。

对于金融领域，往往资料提供一方的义务人是唯一的信息来源，为了维护金融市场和秩序的需求，行政上必须有陈述、答复和强制提供信息等主动协助国家的义务。虽然由于行政目的和刑事目的的差异，在强制性上不存在问题。但是，通过强制配合形成的行政调查证据必然衔接至刑事诉讼程序，这就在事实上造成了有罪推定。这种基于国家特殊领域的义务，不能因这种行政上的“强制”而“强迫”犯罪嫌疑人自证其罪。

一般行政调查措施旨在发现行政违法行为，在量的积累上通向刑事犯罪的立案标准，这一过程较为缓慢。而《证券法》中的行政调查既可能是例行检查，又可能直指证券犯罪，这一过程具有同时性和飞跃性。与其他行政机关执法不同，由于涉及巨额资金，甚至关系金融安全和市场经济秩序的稳定，一开始证券监管执法要求极强的强制报告义务。从当前执法实践看，进入证监会案件调查程序的线索多数来自交易所报告。其中内幕交易、操纵市场、利用未公开信息交易类案件线索绝大多数来源于交易所日常监控。[②]而这一背景下的调查和扣押显然有别于普通行政执法。

一旦这种强制调查超出必要限度，其权力不加限制，虽然有利于后续的侦查工作，但有强迫自证其罪的危险。因此，从本质上，这种强制调查的加强，有必要和侦查工作划分界限。原则上和刑事诉讼不应产生强关联，以有利于保障金融犯罪中犯罪嫌疑人的诉讼权利。

从目的论看，刑事扣押的目的是证据保全、预防犯罪与保障执行，刑事司法实践中常把证据保全作为唯一目的，而《证券法》中的扣押不需要指向证据就可以衔接侦查，突破了刑事扣押的目的范围。这种摆脱了限制的证券扣押，

---

① 参见《证券法》第170条第（三）（四）（五）（七）项。

② 参见邢会强：《数字经济视角下的新〈证券法〉——修订解读、实施支撑与未来展望》，《浙江工商大学学报》2020年第4期。

极易超出对物强制的范围，对被追诉人的权利保障形成了强大的压制。

二、刑事惩罚的力度加强

2020年7月，国务院金融发展委员会提出了证券犯罪零容忍的刑事政策要求。《刑法修正案（十一）》出台，在法律层面落实了刑事惩罚力度的加强。

（一）全面加强刑罚力度

多种金融犯罪罪名取消罚金金额限制，法定最高刑提高；欺诈发行证券罪开始关注私募债券，扩大犯罪关联主体。①

（二）扩大刑事惩罚对象

例如，增加证券种类；违规披露、不披露重要信息；罪从单位犯罪扩张至控股股东、实际控制人等自然人犯罪；由“单罚制”变为“双罚制”。②最新刑事立法延续了“以重刑化为主”的趋势。③

（三）刑法立法多元化

从增设背信运用受托财产罪开始，一系列证券金融犯罪罪名相继出台。针对证券等资本金融市场犯罪，涉及擅自发行股票、公司、企业债券罪及内幕交易、利用未公开信息交易、虚假信息、操纵市场5类行为，还有欺诈发行证券罪及违规披露、不披露重要信息罪等相关的罪名。

提高金融犯罪及相关犯罪的法定刑的目的在于保护金融市场秩序，但是，为了避免让刑罚手段成为企业发展创新、市场资本自由流转的阻力，

---

①《证券法》第44条第3款，前款所称董事、监事、高级管理人员、自然人股东持有的股票或者其他具有股权性质的证券，包括其配偶、父母、子女持有的及利用他人账户持有的股票或者其他具有股权性质的证券。

② 参见《刑法》第169条之一第2款。

③ 参见刘宪权：《金融犯罪最新刑事立法论评》，《法学》2021年第1期。

有必要进行限缩。在这方面，立法者有所考虑，例如，出于加强民营企业产权保护的精神，《刑法修正案（十一）》提高了骗取贷款、票据承兑、金融凭证罪的入罪门槛。①

另一方面，无限额罚金刑争议较为突出。②从实体法角度，触及了罪刑法定原则中的禁止绝对不定期刑的基本要求。从程序法角度，极易造成同案不同判的趋势。然而，从金融犯罪刑事证据运用的基本逻辑来看，这样一种规定实际减轻了控方举证责任的负担，不需要划分损害后果，情节的严重程度的潜在台词下，容易造成取证规范的粗糙和取证质量的下滑。

解决方案在于要么采取有层次的划分方式，要么采取更加轻缓的诉讼方式，比如提起公诉前退赃退赔、补偿损失等延伸至开庭审判前、减少《刑法》介入市场交易的深度。

三、注册制度的根本变革

新《证券法》将证券发行核准制修改为注册制。在注册制下，信息披露对于资本市场交易的重要性得以提高。新《证券法》设专章规定信息披露制度，系统完善了信息披露制度。《证券法》的修订与刑法证券犯罪的修订之间存在联动关系，在新《证券法》强化信息披露要求的情况下，《刑法》加大了对欺诈发行股票、债券罪，违规披露、不披露重要信息罪的惩戒力度，明确了保荐人提供虚假证明文件的刑事责任。同时，新《证券法》扩大了证券的范围（增加存托凭证），增加公开发行文件（增加“或者其他公开发行募集文件”），修改操纵证券市场行为方式，明确控股股东、实际控制人组织、指使实施特定违法行为的责任，增加对证券违法行为的罚款等内容。

---

① 刘宪权教授认为，其背景在于，考虑到目前中小企业融资困难，将轻微的融资违规行为纳入犯罪考量，不利于中小企业的发展。那么按照这一逻辑反推，即使融资违规触犯刑法，在多数情况下，只要提起公诉前退赔退赃、减少损害结果发生的，也纳入金融犯罪轻缓处罚范围，将有助于进一步支持企业创新，减少刑法介入影响，这与刑事合规的逻辑起点一致。

② 参见刘宪权：《金融犯罪最新刑事立法论评》，《法学》2021年第1期。

证券发行注册制的改变，使得金融监管从事前规制转变为事后规制。而这一转变加大了刑法事后惩戒的力度，这使得刑事司法承担了较重的金融犯罪规制的任务，而金融犯罪的专业性和科技性的明显增强，势必使注册制之下证据收集、认证等运用的难度加大。比如，要想操纵证券市场，大多与内幕交易有关，前期证据往往隐藏在“冰山之下”，可能在刑事立案之前会遭遇篡改或恶意删除，而操纵手段、操纵的主观目的、操纵的方式同刑事惩戒之间的因果关系需要大量的证明，比如，扭曲市场交易并没有很好地界定，滥用优势和非法控制市场的观点[①]也不能明确扭曲的概念。前者是手段的原因，后者是目的的达成。而并非所有的扭曲都要受到刑法规制，有的还必须达到数量的标准。例如，英国对于扭曲就仅限定为价格锁定（price positioning）和恶意挤压（abusive squeezes）；[②]与英国不同的是，我国除了对价格标准的关注，还体现在对发行是否符合财务指标的定性标准追求。

四、民商事关系的紧密结合

因为金融犯罪涉及民商事法律关系的交叉领域，所以，在民事关系尚未厘清之前，不能直接进入刑事法律关系调整范围，否则，容易造成轻易入罪的刑事司法风险。例如，在操纵证券市场罪中，操纵仅仅代表着对证券价格的扭曲，而单纯的高抛低入必然也会给证券市场带来影响，而这一影响仅仅是证券市场的盈利逻辑所必然带来的获利操作，符合通常的交易习惯，并不必然带来对市场的违法操纵。这就意味着在运用证据时应当补充民商事关系，简单依靠单一的刑事司法关系推断，不符合金融犯罪的犯罪构成需求。

司法介入证券领域原则和表现，目前仅有行政诉讼、民事诉讼等的探讨，唯独在刑事诉讼上止步不前。《操纵司法解释》把操纵证券、期货市场

---

① 参见刘宪权：《操纵证券、期货市场罪司法解释的法理解读》，《法商研究》2020年第1期。

② FSA, The Code of Market Conduct 2001（Feedback on CP59 and CP76），Chapter 8，§8.3，April 2001，p.24. 转引自陈煜：《证券信息操纵行为法律规制之比较研究》，《证券法苑》2014年第11期。

罪的其他行为解释为蛊惑交易、“抢帽子”、重大事项、控制信息、虚假申报、跨期货现货市场操纵6类[①],《证券法》增加了反向交易等操纵手段[②]。操纵类证券犯罪在中国台湾地区分为价格操纵型与非价格操纵型。美国则倾向于“恶意或不良意图”的主观要件，但为了避免刑事证明的困难，逐渐倾向于一元化的民事损害赔偿诉讼。英国则统称为市场滥用行为（market abuse），包含市场操纵和内幕交易。[③] 2013年后拆分FSA（Financial Services Authority，金融服务管理局，是英国金融服务的监管机构），分为金融监管犯罪（英格兰银行），市场操纵[④]及财务报告虚假犯罪（检察机关），内幕交易犯罪（商工部），倾向于多元化类型的刑事诉讼。然而，如果不能清晰厘定相应的法律关系，就会在犯罪与违法之间游荡。《刑法修正案（十一）》出台之后，在实践中，证券监督机构查获的大量案件滞留在行政阶段，也充分说明了民商事法律关系与刑事法律关系之间的艰难选择。

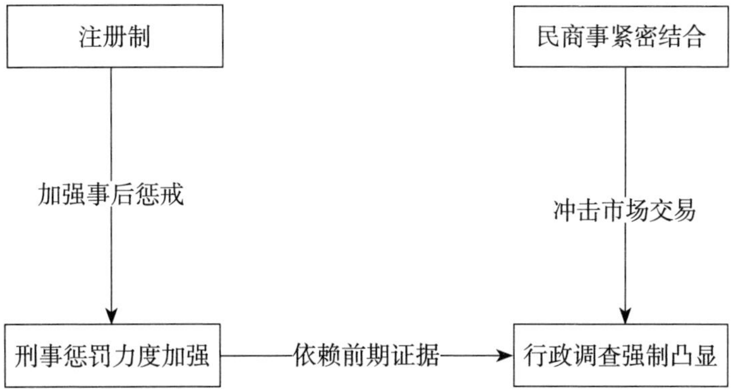

图2-1　金融犯罪刑事证据运用的底层逻辑

① 参见2019年6月18日，最高人民法院、最高人民检察院《关于办理操纵证券、期货市场刑事案件适用法律若干问题的解释》（以下简称《操纵司法解释》）。

② 参见《证券法》第55条第（6）项。

③ *The Financial Services and Markets Act 2000* , s. 118 (5)–(8).

④ “操纵”的含义此时有所变化，原有的操纵主要指引发证券供需或价格假象，维持证券在非正常或虚假价位；交易时使用虚假或诈骗手段；散布不实信息，引发错误认知，且明知或推定明知；足以使市场参与者产生错误印象；公众认为此行为将会或可能会对某种证券产生扭曲。而不论是错误印象还是扭曲的产生，这些不法行为在常识中都是不合市场守则的。参见曾宛如：《证券交易法原理》，元照出版公司2008年版，第120—121页。在2013年英国金融监管体制改革中，将市场操纵归纳为7种市场滥用，内幕交易纳入市场操纵行为之一。

第三节
金融犯罪刑事证据运用的诉讼逻辑：审判中心

基于前述对金融犯罪刑事证据运用底层逻辑的分析，一条线索较为清晰地展现在我们面前，即证券法注册制度的改变，在客观上亟须加强事后惩戒，而行政手段的不足使得金融犯罪直线攀升，这就需要刑事惩罚力度的加强，而金融科技手段的不断创新使得公安机关侦查理念也需要更新，侦查手段随之发生相应变革，但根本上受制于金融监管部门的证据来源质量，这就需要增加行政调查措施强制性，然而行政执法与刑事执法界限模糊不清，如果不认真梳理相互关系，必然导致刑事惩罚冲击市场交易，这就需要对金融犯罪中存在的民商事关系同刑事法律关系做出清晰界定，追根溯源，还在于金融注册制度的根本变革。这一底层逻辑的推论，如果适用于金融犯罪的诉讼程序，有一个必然的逻辑结论，即刑事诉讼证据运用符合一定的诉讼逻辑，这种诉讼逻辑不能脱离以审判为中心的刑事诉讼改革，在具体适用中法律关系的优先排序也应当以审判需求为依托，厘清上述关系之后，侦查取证工作才能高效地进行。否则，面对如此纷繁复杂的金融法律关系，侦查可能陷入矛盾重重、逻辑混乱、循环论证的泥淖。

一、前置措施的无罪化逻辑：以平行规则为原则，以连续规则为例外

金融犯罪的证据运用中，关键环节就是行政前置程序中的证据收集问题。在实践中，混淆行政执法证据收集和刑事司法证据收集的界限的形式化衔接机制大量存在，因为提高诉讼效率的价值取向，在非金融刑事案件中忽略了对证据程序问题的细究，但是，在金融犯罪的刑事案件中，强制行政义务的存在，就使这种做法有待商榷。

从德国相关立法来看，只要进行刑事追诉，行政被调查人就有拒绝强制调查的权利，或者不能拒绝强制调查，但相关证据不能运用于刑事诉讼。从英国立法来看，金融监管机关行政调查所取得的证据，原则上不能作为刑事诉讼证据，但当事人或法定代表人同意的除外。从无罪推定原则的精神来看，德国对于原则的遵循，远比英国严格得多，前者可能是出于刑事侦查措施的丰富和泛化，几乎不需要借助行政调查，如网络缉捕。也可能是行政程序瑕疵补正制度的存在，能够利用行政补正程序进行证据强制收集错误的纠正。而英国出于对私诉传统的尊重，可能更倾向于个体权利的保护，金融犯罪刑事调查机关的多元化，也使得英国对待行刑衔接问题较为灵活。

然而，在前置程序中存在一个关键问题，即实物证据是否适用于言词证据的证据规则，金融领域的侦查取证显然突破了我们对非法证据排除规则的认识，即交付的书证等实物证据是否适用“不得强迫自证其罪”。对于这一问题，各国理解存在明显不同。

例如，美国不承认“不得强迫自证其罪”适用于实物证据[①]，因此，被追诉人必须主动提供账目、文件等金融资料，不得以沉默权为理由拒绝提供相关实物类证据材料。另外，这些金融账目、文件属于机械性记录，是

① Kamisar/Lafave/Israel/King, *Modern Criminal Procedure*, Case-Comments-Questions,9 Ed.,1999, pp.42-45.

被追诉人出于主动记录的文件，具有意思表达的效力，可以被视为“与供述实质等同”。[①]

德国承认实物证据具有“不得强迫自证其罪”适用性。因为德国通说认为，不自证其罪就是被追诉人没有主动、积极协助义务，仅有被动协助和忍受义务（Passiv–Prinzip）。[②]英国也认为被追诉人无须同国家专门机关合作，其证据范围也远超沉默权和言词证据。[③]由此推断，不得自证其罪是沉默权的上位概念。因此，在金融案件中，将主动出示账目等金融资料延伸至刑事诉讼，继续积极协助调查不利于自己的案件，甚至在国家专门机关的强迫下参与调查，直至被迫认罪，都是不言自明地违反了这一基本原则。对于金融案件中的实物类资料，即使无法对被追诉人的口供做出“实质等同”的扩张解释，在不自证其罪的意义上，也与沉默权具有同等重要的权利，即两者的特权是并列的。[④]

由此看来，因为沉默权的缺失，不得强迫自证其罪在中国无法受到完整保护的担心，起码在金融犯罪领域是毫无必要的。即不得强迫自证其罪与如实供述义务可能并行不悖，因为按照上述思路，不得自证其罪在其所蕴含的权利保障上，已经超出了“如实供述”的法律内涵。

例如，在John Murray案中，欧洲法院甚至将其视为被追诉人的“不交出证据”的诉讼权利行为[⑤]，这一权利属于整体的不配合追诉权，其内涵的广泛性和丰富性，绝非对于口供等言词证据的拒绝认罪或强迫自证其罪的单一狭隘理解。

因此，主动提供金融资料等这一行政调查强制的加强，大概率造成变

---

① Schmerber v. California,384 U.S.757,763(1966).

② Esser,a.a.O.(Fn.2),S.520ff. Wolff, Selbstbelastung und Verfahrenstrennung–Das Verbot des Zwangs zur aktiven Mitwirkung am eigenen Strafverfahren und seine Ausstrahlungswirkung auf die gesetzlichen Mitwirkungspflichten des Verwaltungsrechts,1997.

③ Ashworth & Redmayne, *the criminal process*,3rd ed.2005, pp.129–137.

④ ECHR, Funke v. France,1993, Series A no.256–A,$44.

⑤ ECHR, John Murray v. the United Kingdom, Reports 1996–I, $$47,48,54.

相的强迫自证其罪。即便上述现象属于杞人忧天，至少也存在以“联合执法、共同调查”[①]等名义，发生公权力机关非法取证行为遁入非刑事程序的可能，对于这一“自然滑入”刑事程序中的现象，国内刑事司法理论不能视而不见，有必要进行配套的程序制约的深入研究。

从程序制约的意义上，可以将这一衔接归纳为平行规则，即对于金融犯罪的刑事证据运用而言，刑事诉讼的侦查程序应与金融调查等行政程序保持平行，在衔接时，金融行政程序应当适用不得强迫自证其罪的原则。当然，如果是金融监管机构直接查获的各类金融证券类犯罪，可以继续运用于刑事诉讼。这与平行规则并不矛盾，前者指的是对行政调查获取资料的接续“利用”，从而产生行刑衔接问题；而后者只是刑事证据的“自然”延伸，仅是某种形式上的手续移交。

所谓“平行”，指尽量避免行政强制调查得来的证据直接使用于刑事诉讼，两者应当保持一定的距离。虽如是，但是如何避免前置的金融行政调查程序与刑事诉讼程序平行运行之后的结合，不产生强迫自证其罪的危险，这是一个更为复杂的问题。

学术界存在以下观点：一是“合并观察”[②]，即前置的非刑事程序涉及刑事要素时，非刑事程序有必要适用不得强迫自证其罪原则。“刑事追诉机关不能以前置或分离程序的方式和理由，来规避应有的程序保障。”[③]这一做法源于德国的“供述基准”理论。按此理论，尚且不论金融文件资料的主动提供，即使是金融文件的搜查，也不过是类似于强制措施，犯罪嫌疑人具有相当的忍受义务，其是否违反不得强迫自证其罪取决于法律保留原则或比例原则。这样一来，变相承认了金融行政调查获取的证据直接可适用于刑事诉讼，对金融行政强制调查的程序制约几乎失去了适用空间。

---

① 参见冯俊伟：《行政执法证据进入刑事诉讼的类型分析——基于比较法的视角》，《比较法研究》2014年第2期。

② 参见林钰雄：《不自证己罪原则之射程距离：最高法院相关裁判之回顾与评释》，《台湾本土法学杂志》2007年第15期。

③ ECHR, Saunders v. the United Kingdom, Reports 1996-VI.

因此，并不完全适用中国法律实际，更难以对尚处于初期立法阶段的金融犯罪侦查取证活动进行细致的规范。

二是“平行调查”（parallel investigation），这一做法存在于美国环境犯罪侦查中，即行为人的行为可能同时带来行政责任和刑事责任，可以同时启动行政调查和刑事侦查，其获得的证据可以共享。但是如果检察机关或环境侦查机关指挥行政机关进行调查，或者其参与到行政调查中，则通过行政调查收集的证据不得作为刑事证据使用。①在我国金融证券类的违法犯罪中，很多线索都是通过前置的行政调查发现的，基于市场交易秩序原则，多数时候很难判定一个案件是否构成刑事案件，几乎不可能像重大环境污染等案件那样，同时启动行政调查和刑事侦查。反而，需要特别注意的是，一旦发生涉及犯罪的重大金融风险，检察院往往会提前介入指挥或参与，盲目借鉴这一原则无异于侦查机关自缚手脚。因此，平行调查不适用金融犯罪案件的调查与侦查的衔接。

合并观察的做法在判定强制性是否影响刑事诉讼方面，具有合理之处，而平行调查中的证据共享机制也为金融犯罪取证有效衔接提供了有益的启示。综上，按照逻辑顺序，可以归纳为三种情形的适用，即同意、补充和排除情形。

同意情形。在行政调查过程中可能涉嫌违法的人员主动提供的金融资料等证据，不能直接作为刑事证据使用。如果作为刑事证据使用，犯罪嫌疑人当然可以拒绝配合和继续提供，这是不得强迫自证其罪的题中应有之意，除非犯罪嫌疑人同意。

而这一同意情形如果能够运用于金融犯罪案件，则扩张了认罪认罚原则的实质内涵，即犯罪嫌疑人的同意，摆脱了认罪认罚同不得强迫自证其罪的内在的冲突——对配合者施以优惠，也仍然属于自证其罪的“不当强

① Mussio Donna. *Drawing the Line Between Administrative and Criminal Searches : Defining the “ Objective of the Search ” in Environmental Inspections*,Boston College Environmental Affairs Law Review, 1990, 18(1), pp209–210.

迫”。林钰雄教授认为这是一种间接强迫。这也正是“合并观察”理论积极调和不得强迫自证其罪与沉默权的意义所在。对于中国而言，本就没有规定沉默权，在金融犯罪取证中的“同意”正是犯罪嫌疑人主动协助义务在刑事程序中的延续。此时，刑事诉讼法中带有职权主义色彩的“如实供述条款”就具有了积极意义，即积极配合金融犯罪的调查，并认可在前置行政程序中，通过强制行政调查所获取证据在刑事诉讼中的证据效力，从而减轻证据审查判断或证据转化的负担。

补充情形。这一情形建立在金融犯罪民商事结合的底层逻辑之上。金融犯罪必须考虑到民商事关系的先在性和内在逻辑，其刑事证据的运用首先要考虑证券法、公司法等法律关系，然后再考虑适用相关证据规则。而证据规则的适用因为民商事关系的先在性，以及出于对民商事法律关系的重要考虑，比如，债权利益、公司利益、发行利益、有价证券相对方利益。这时，刑事证据运用就成为金融案件的补充而非主体。例如，在德国的破产人裁定中，虽然破产人的答复义务必须对债权人作出让步，但在刑事程序中，其可以用证据使用禁止加以补充。[①]为了填补金融犯罪刑事诉讼中，基于依法惩治金融犯罪的底层逻辑，维护金融秩序的市场交易规则，乃至金融安全等国家利益，犯罪嫌疑人有强制提供证据材料义务或必要的陈述义务，而无不得强迫自证其罪等具体证据排除运用的缺失，可以采取刑事推定规则或法律类推规则。当然，按德国税收制度，这类证据虽不能在刑事程序中适用，但并不妨碍在其他非刑事程序中适用，如果引申至金融犯罪，此类证据虽然对追诉犯罪带来障碍，但仍然可以畅通无阻地运用于对公司高级管理人员、企业负责人、证券发行、承销机构经济、民事或行政等责任的追究。另外，证券交易如果仅仅局限于行刑衔接，则难以提供完整的宪法保护。可以援引宪法辩护权、人格权等权利的保障，推动宪法在金融刑事诉讼中人权保障的落实。

---

① BVerfG E 56,37,50，转引自艾明：《拒绝提供恐怖主义犯罪、极端主义犯罪证据罪正当性反思——以刑事程序权利保障为视角》,《政治与法律》2016年第8期。

排除情形。这是最为严厉的情形，如果出现行政调查中强制获取的证据资料直接运用于刑事程序，一般予以排除适用。这种情形在欧洲国家较为常见，然而在采取“毒树之果”的美国却很罕见，原因可能是美国对待金融犯罪的证据规则较为宽松，而欧洲出于人权保障的加强，对金融犯罪的证据运用采取了严格管控的立法趋向。在中国金融取证规则尚不成熟的情况下，基于对金融犯罪严格打击的底层逻辑，排除情形很难出现。但是，随着金融市场的扩大，人民币数字货币全球政策的实施，在未来也许有实施的可能性。

金融监管行政程序中获取的证据具有绝对的合法性，此时被排除不是因为证据“非法”，而是禁止此类证据直接运用于刑事程序。对此，国外有三种观点，一是只要有刑事追诉风险，主动提供账目、文书资料义务绝对免除。然而，金融文件资料和被调查人的陈述可能是唯一证据来源，这种观点不利于金融犯罪案件侦查。二是主动协助义务不能免除，但不适用于刑事诉讼。这种观点只是一种解决冲突的调和方案，往往导致证据效力不明。三是不管是否具有主动协助义务，只要取证源头不属于法律规定的非法，在刑事诉讼中就没有排除的必要。这种观点虽然适用无障碍，但可能导致立法线条过于粗犷，不利于人权保障。

由是观之，为了防止“毒树之果”放射效力的消极影响，金融监管行政调查获取的证据资料不是非法，但相关证据在刑事诉讼中排除适用，证据属于“确实但不充分”，可以采用自由证明标准，酌定不起诉或免除刑罚。法官也可以对个案中的相关证据认定为不利情节。如果金融案件行政强制调查证据不能直接适用于刑事程序，可以采取两种方案：一是直接判罚金刑，此类做法极易走向美国式的金融民事赔偿程序；二是规定此类案件不适用认罪认罚，以此维护获得公正审判的权利，防止虚化控方的证明责任。

即使不排除，检察机关也不能直接引用金融调查中的陈述作为证据，抑或不得以相关内容为依据进行诱导性讯问。这就在一定程度上遵循了严厉遏制金融犯罪的底层逻辑。然而，这并不是有意为侦查设置毫无意义的程序障碍，参照合并观察的观点，仅仅是金融行政程序作为前置程序，具有强迫自证其罪之风险，才会产生刑事证据运用中的排除考量问题。

综上，以排除为程序制裁的平行规则之证据保障，与行刑无碍衔接的连续规则之证据共享，是人权保障同惩罚犯罪之间的取舍与平衡，看似划分烦琐，对连续规则本身的探讨也具有相当的实践意义。

二、民商事关系的优先逻辑：以民商关系为先导，以刑事关系为补充

学术界也有"先民后刑，以民为主"的类似观点。[①]以操纵证券、期货市场罪，背信损害上市公司利益罪等证券交易犯罪为例，此类犯罪在域外被称为不合营业常规交易[②]、非公允交易或关联交易犯罪[③]，在中国司法判决中常以内幕交易、违规披露、不披露重要信息罪定罪处罚[④]，甚至作为虚假破产罪处理[⑤]，如此多元处置的原因在于依法惩治金融犯罪的底层逻辑的强化，造成认定事实偏向刑事法律关系。即便如此，在司法实践中仍存在明知、主观故意、关联主体的相互作用的认定困境。例如，操纵市场的故意认定极为困难，即便在实践中采取举证责任倒置的方法或不正常交易行为

---

① 参见朱珊珊、沈田：《上市公司关联交易犯罪刑法适用之技术困境——基于三个典型案例的研究》，《新疆大学学报（哲学·人文社会科学版）》2019年第2期。

② 薛波主编：《元照英美法词典》，北京大学出版社2013年版，第94页。

③ 参见陈亦聪、武俊桥：《上市公司非公允关联交易的法律规制——以刑事责任为中心》，《证券市场导报》2011年第8期。亦参见夏雪：《上市公司关联交易法制演变的研究》，华东政法大学2010年硕士论文，第71页。

④ 参见朱珊珊、沈田：《上市公司关联交易犯罪刑法适用之技术困境——基于三个典型案例的研究》，《新疆大学学报（哲学·人文社会科学版）》2019年第2期。

⑤ 参见刘宪权：《内幕交易违法所得司法判断规则研究》，《中国法学》2015年第6期。郑军、陈祥玲：《内幕交易违法所得判断规则的探讨——基于142份刑事判决书的定量分析》，最高人民法院：《司法体制综合配套改革与刑事审判问题研究——全国法院第30届学术讨论会获奖论文集（下）》，最高人民法院2019年印行，第14页。

推定的方法，也缺乏相应的程序规范。

因此，民商事关系优先原则的适用，可以借鉴国外成熟经验。最为核心的是商业判断原则。[①]例如，《证券法》修改后，重大判断规则在金融犯罪中的适用与一般刑事诉讼存在显著差异。

一是关于重大损害的损害节点偏移，与其视为犯罪节点与关注犯罪行为完成时，不如适用商业判断原则综合认定整体交易行为，即只要认定该交易行为没有结束；也可以通过事后补充交易模式判断行为人的主观意识。这就说明，倘若一时无法判定是否触犯刑法，在侦查中就可以以补充交易资料辅助判断。如果事后补充交易并不属于原交易条件的意旨，完全是临时起意或空穴来风，则可以反向证明行为人对损害有所认识。

二是损害的定性依据发生了改变，重大损害不能以损失金额定性。国内审判实践依然把实际盈利或损失作为隐含要件，然而理论上损失或盈利结果充其量是犯罪动机，因此，只要交易行为完成，即使没有实际盈利或损失，只要达到情节严重，亦可构成犯罪。譬如，“老鼠仓”仅仅只是“利用未公开信息交易罪”中的部分行为[②]而非全部行为。

三是违法和犯罪的区分依据。《期货管理条例》与《证券法》《刑法》相比，就没有涉及“重大影响信息”。这意味着，内幕交易犯罪必须以对证券、期货有重大影响要求为要件。[③]董事自我利益的重要性与其独立性的证明也是司法机关审查证券等金融案件是否适用商业判断优先的试金石[④]，如果前者的重要性大于后者，则证明董事的交易决策掺杂了个人利益，则法院可以直接运用刑事证明标准进行实质审查；而独立性的有无，为后续关联交易或幕后交易主体提供了刑事判断依据。

目前，在国内的刑事判决中并没有显示这一原则的明确适用，如果从

---

① Bryan A. Garner, Black’s Law Dictionary 212 (2004).

② 刘宪权:《金融犯罪刑法学原理》，上海人民出版社2020年版，第367页。

③ 刘宪权:《金融犯罪刑法学原理》，上海人民出版社2020年版，第335页。

④ Cede & Co. v. Technicolor, Inc., 634 A.2d 363 (Del. 1993).

审判中心的刑事证据运用视角反观商业判断原则，其核心内涵应当包括以下原则：

首先是司法裁判统一原则，从证券类金融犯罪的角度，应当统一适用证券法，或以证券法律关系为基准，不能与刑事法律割裂适用。防止证券交易行为认定与刑事证据具体适用产生错位。比如，我国的公司法解释以保护中小股东利益的价值取向就与证券等金融诉讼的忠实义务存在矛盾，因此，让中小股东提供隐秘的关联交易的证明实属困难。另外，非对价交易的存在也难以证实交易的“公允性”。法院用刑事法律关系的实质审查替代商业判断，与司法效率背道而驰。换言之，证券金融犯罪案件的证据运用，不能受到公司法等相关法律的牵制。

由于不同法律部门规范要件形式差异较大，应该采取实质相似的做法，促进司法适用的统一。譬如，对相关证券的认定应当符合商业交易习惯的实质。例如，对于《证券法》新规定的存托凭证（CDR）等[1]金融资料的认定应当坚持实质认定，而不能仅依靠证券的外观形式。从证券认定主体由证监会、国家发展和改革委员会到国务院，主体扩张目的是围绕着“所有的资产化证券都纳入证券范畴”[2]这一商业实质判断标准，具体适用应当遵循证券交易和发行的规律。在实质认定上，与美国刑事司法裁判对合理性和相当性的自由裁量相比，中国刑事审判遵循法律规定和司法解释的严格，法官在证券种类认定上难以裁决，导致金融犯罪对象的判定困难，因此亟待实质相似的司法统一原则。

其次是证据适用优先原则，即证据的适用应当符合证券交易的商业逻辑，优先运用刑事推定。[3]即在金融犯罪中，法院实质认定之前，优选推定被追诉方的证券交易等行为是善意诚实的，法院不会对被告的做法过度

① 《刑法》第160条，欺诈发行证券罪。

② 郭峰：《中华人民共和国证券法制度精义与条文评注》，中国法制出版社2020年版，第41页。

③ Samuel, The Business Judgment Rule Revisited, 8 Hofstra Law Review Vol. 8, Iss. 1 (1979), p.93.

介入，进行替代判断或强加评判，充分尊重民商事法律关系，这一司法裁判契合无罪推定原则，控方只是负责推翻这一假设。在实际刑事证据运用中，还延伸出多个层次。

一是控方举证责任优先让渡给民事原告一方，如让公司股东原告举证董事等公司高级管理人员是否违反审慎经营的注意义务。这一举证责任的优先让渡，目的是减轻或免除公司高级管理人员的刑事责任。作为忠实义务的避风港，适度保护董事自主经营决策权，否则，不利于在金融创新和金融犯罪遏制之间达成微妙平衡。

二是举证责任倒置。如果民商事诉讼的原告在刑事诉讼中作出了对被追诉人不利举证，被追诉人丧失了商业判断原则的推定保护，再由法院介入进行实质性审查，此时举证责任倒置，由被追诉人提出证据表明其行为未违反商业判断原则中的忠诚、审慎义务。

然而，即使按照德国公司法标准，被追诉人因为重大过失而不适用商业判断原则，控方仍应就犯罪的主观故意举证，不能因为商业判断原则保护的丧失，而直接反推被追诉人当然具有主观故意[①]，这与普通罪名的举证责任倒置仍存在差异。其原因在于金融犯罪刑事证据运用逻辑的特殊性，即在坚持民商事优先与刑事证明标准的并重。

三是例外情况下的举证责任转移。如果公司的控制股东在交易时与从属公司明显产生利益冲突，则不适用商业判断原则。由法院直接进行实质审查，此时审查重心在于公平性，举证责任转移至参与商业决策的董事，由其证明决策是否公平，既包括公平的磋商，也包括公平的价格。[②]非对价交易的公允性难题在此得到解决，即如果价格的公平无法判定，也可以通过是否存在公平的磋商或谈判判断。

为鼓励创新，公司忠实义务或注意义务的位阶，远高于对公司造成的

---

① 黄昱璁：《证券交易法不合营业常规犯罪行为之研究——从商业判断原则观察》，台湾东吴大学法学院2017年硕士论文，第103页。

② Weinberger v. UOP, Inc., 457 A.2d 701(Del. 1983).

损失。比如,《证券法》主要禁止欺诈、内幕交易和操纵行为，质言之，即集中在违反公司禁止义务的操纵行为，此操纵在于扭曲交易，而非利用市场交易波动获利。因此，从这一角度分析，损害后果不是刑事惩罚的唯一要素，而损害后果的变动性和不确定性也无法通过侦查阶段的证据收集而机械认定，需通过审判阶段综合判断。譬如，实际控制人对损害后果进行补偿，可以视为对所控制公司的不利后果业已消除，不再进行刑事责任的判定。

因此，在刑事证据运用上，要把商业交易活动同一般性公司事务、消极决策、个人利益冲突区分开来，即“民事的归民事，刑事的归刑事”，清晰划分司法证明的界限，减轻了金融犯罪案件中刑事司法机关的证明负担。

然而，商业判断原则在我国的民商诉讼中的适用仍然存在争议，从关联交易诉讼的角度，应当回归对事前程序规制的重视，借鉴商业判断原则。[①]但是有学者认为，在两个方面还存在着适用难题，一是难以判断法院属于积极介入还是排除介入，二是具体适用的路径和边界还需加以细化。[②]但是，在刑事诉讼中，基于依法惩治金融犯罪的底层逻辑，排除介入可以达成某种平衡。而刑事诉讼具有明确的定罪指向，并不需要像民商事案件那样区分原被告之间的权利义务分配，尤其在证券类犯罪中，无论是背信还是欺诈，内幕还是操纵，其实都归属于不公平交易，只需要确定不公平交易的重大损失，达到刑事惩戒的范围即可，所以适用边界清晰可见。如果能够分清各种情形，在举证责任方面加以分层次、分步骤的适用，则有可能达成适用共识。在涉及公司法的司法裁判中法官已经开始运用商业判断规则的法理，填补董事勤勉义务标准缺失的漏洞，但不同之处在于，我国应当采纳司法程序性审查路径，而非美国模式的推定式排除审查路径。[③]

① 参见麦嘉慧:《从商业判断原则看我国关联交易新导向》,《上海商业》2020年第Z1期。

② [日]近藤光男编:《判例法中的经营判断规则》，梁爽译，法律出版社2020年版，译者序。

③ 参见傅穹、陈洪磊:《商业判断规则司法实证观察》,《国家检察官学院学报》2021年第2期。

但是，商业判断原则的运用必须防止消弭刑事诉讼的倾向。比如，一味追求保护商业交易的逻辑，可能导致金融风险不断扩大。金融库存与商品库存的本质不同，难以判断其究竟是市场的负面信号还是谨慎监管的产物。[①]加之股东和董事之间金融信息的不对称，在股东和董事之间难以达成商业决策的一致。美国在金融诉讼中严格限制了商业判断原则适用的同时，证据共享机制的存在大大压缩了辩护权利，无异于以刑事追诉逼迫金融犯罪中的被追诉人以高额罚款代价结束刑事指控，其不可避免转向了全面的金融赔偿诉讼，刑事诉讼几乎失灵。

反观德国，为了避免商业判断原则的“致命”缺陷[②]，在认真汲取这一原则的基础上，走向了程序审查的道路。德国法学界认为，重大过失属于主观责任标准，不能评判是否违反客观义务，应当在民法重大过失标准较高的基础上，以合理（vernünftigerweise）替代重大过失；[③]为了避免故意规避法院介入，必须提升企业合规制度，扩张公司的责任。[④]专家鉴定意见必须经过“信赖原则”的检验方可使用于司法活动，不能盲目采信外部专家意见。[⑤]对法院介入实质判断让步的同时，加大了公司董事的举证责任负担，除证明未违反义务、不存在过失之外，增加了企业家的裁量。[⑥]违反合法性义务增加超越权限要素，违反注意义务增加留存风险要素[⑦]、程序要

① 洪正：《商业银行公司治理特殊性研究》，中国金融出版社2010年版，第45页。

② 商业判断原则在证券类金融犯罪中最大的不足在于无法判断被追诉人的主观故意或自我获利，参见洪秀芬：《经营判断法则对董事责任追究之影响》，《台湾财经法学论丛》2020年第1期。

③ Fleischer, *Die“Business Judgement Rule”: Vom Richterrecht zur Kodifizierung*, ZIP 2004, p. 689.

④ Klein K, Die Business Judgment Rule Im Deutschen：Anonim Ortakliklar Hukukunda iş insani Karari，*Tauhfd/ztdr*, 2019, 1: 111 – 132.

⑤ Fleischer, *in: Spindler/Stilz (Hrsg.), Kommentar zum Aktiengesetz*, Band 1, 2. Aufl., § 93 Rdnr, p. 73.

⑥ BGH AG 2013, 259.

⑦ Brock, *Legalitätsprinzip und Nützlichkeitserwägungen*. Berlin：Duncker & Humblot,2017,S, p.38.

素，例如违反“报告制度”视为对正当程序的违反。[①]并且，德国不采取推定优先的原则，而是采取类似直接举证责任倒置的做法，被告就注意义务是否违反进行举证，通过举证证明自己的行为属于商业判断原则的范围，说服法官认定其未违反注意义务。[②]

我国台湾地区学者认为，在商业判断原则的刑事司法中，原告举证责任本质等同于控方举证责任，意在缓和董事责任而非保护犯罪行为，不是民事优势证明标准的滥用，仅是排除合理怀疑的衡量因素之一。在背信类金融犯罪案件中，对美国商业判断进行修正，扩张适用人员，将商业判断仅等同于忠实义务，删除注意义务，缩减适用民事诉讼的范围；将股东扩张至“利益关系人”；[③]突破股东利益最大化的价值取向，限制商业判断原则的滥用。为了解决金融犯罪主观认定的难题，我国台湾地区借鉴德国的“促使推定”，此时不论是表面的建议、鼓励还是实质的指示或表决，都视为关联控制关系人或公司的实际影响力；[④]实体上是共犯行为正犯化[⑤]，程序上是刑事推定的扩张适用。即使明知无法认定，也不影响补偿或赔偿责任。

即使如此，仍应看到商业判断原则在司法实践适用的复杂性。首先，应当充分认识金融犯罪的民商事法律关系的复杂性，想“一刀切”式地简化刑事证据的运用，实无可能。注意义务与忠实义务的取舍，美国实质审查与德国程序审查的扬弃[⑥]等实践经验表明，原则只是参考，还需要具体案件具体分析。其次，在遇到金融犯罪案件民商事关系与刑事法律关系难

---

① Max Willen, *Die Business Judgement Rule*：*Auslegung der Legalitatspflicht bei unklarer Rechtslage*, Wiesbaden：Springer Gabler, 2021,S, p.23.

② 参见黄昱璁：《证券交易法不合营业常规犯罪行为之研究——从商业判断原则观察》，台湾东吴大学法学院2017年硕士论文，第62页。

③ 参见刘连煜：《董事责任与经营判断法则的运用——从我国台湾地区“司法”判决看经营判断法则的发展》,《证券法苑》2020年第2期。

④《刑法》第160条和第161条增加了控股，实际控制人，组织、指使等行为也构成欺诈发行股票、债券罪和违规披露、不披露重要信息罪。另见《刑法》第169条之一第2款规定。

⑤ 参见刘宪权：《金融犯罪最新刑事立法论评》,《法学》2021年第1期。

⑥ 台中分院2015年度重金上更（二）字第11号刑事判决（2016年12月7日）。

以取得一致时，必须发挥法官的积极裁量权，例如，以“刑法补充性原则及法秩序一致性之要求”作为基调[①]，迂回将此原则引进背信罪的刑事审理程序。

民商事关系优先原则的适用，必须充分考虑商业判断原则的前期经验，避免司法实务中可能存在董事等高级管理人员的免责后果，防止民事刑事混合造成的法院认证过程标准差异。因此，优先原则要求尊重民事关系，坚持刑事证据运用的严格标准，作为审判参考，积极发挥控方举证的引导，把民商事关系优先适用作为一种积极辩护权，从而强化控辩对抗。

因此，基于民商事关系优先原则，在侦查取证中要注意被追诉人有无不明智的、不合理的、不合法的，以及异常的或欠缺合理商业目的，滥用证券交易裁量权所作的商业决策，这对判断犯罪构成起到重要作用。反之，侦查机关如果取证伊始就忽略优先原则，往往会导致侦查徒劳无功。尤其需要注意的是，在合适取证的时机和范围内要始终围绕审判中心，符合金融犯罪的商业交易逻辑，摆脱侦查惯性沿袭，以简单直接的方式获取证据材料。

① 台上字第2206号刑事判决（2016年9月2日），中华商银案。

第四节
金融犯罪刑事证据运用的侦查逻辑：规则创新

金融犯罪刑事证据运用的诉讼逻辑下，可以明显地看出，如果不从审判中心出发，直接以传统的侦查中心为逻辑起点，在金融犯罪的侦查取证过程中几乎寸步难行。因为无论是符合疑罪从无的行政前置取证的无罪化逻辑，还是民商事关系为先导的优先性逻辑，刑事证据的运用都取决于审判机关对于民刑关系、行刑关系交叉证据的慎重采纳和衡量。而在这一过程中，侦查机关的取证范围、程度、方向并不能随心所欲，而是建立在能否有效地萃取审判需要的金融犯罪信息，能否高效地运用审判关注的证据胜诉，最终能否最大限度地说服裁判者的基础之上。

这就意味着，随着金融创新的大量涌现，面对着日益复杂、民刑交叉的金融法律关系，单一的、传统侦查取证的方式方法也要随之创新。而“创新就意味着对昨天系统性抛弃”[①]。这意味着要系统性地重新审视和发现新的证据运用方式方法。然而，基于法律安定性的考虑，这一创新目的的实现并不是创造证据规则或改造旧规则。因此，所谓规则创新只是新情境下的应对，以及对以往规则的提炼和挖掘，而非再造新规则。在这一新的侦查逻辑的语境下，规则创新势在必行。

---

①［美］彼得·德鲁克：《动荡时代的管理》，姜文波译，机械工业出版社2009年版，第44页。

因此，对于金融犯罪而言，侦查取证需要较长的观察时间，物证取得较为困难，金融函件等文书证据及鉴定常常存在争议，而且几乎所有的证据都和电子数据存在着千丝万缕的联系。与此同时，金融犯罪侦查取证往往需要从证人证言迂回取证，证人甚至成为侦查取证的关键环节，取证规则的创新运用也成为刑事诉讼证据运用中难以回避的问题。

一、金融公文证书的取证相关规则

公文证书的适用规则主要是最佳证据规则。然而，在金融公文证书取证中，由于金融监管机关作为公文证书固有制作机关，原有的证据规则在实践中几乎没有调整的空间，侦查机关几乎照单全收。为了增强控辩对抗，这一规则应当有所变化。

关于例行规则的取舍。例如，对于金融监管机构所出具的证明函件，从客观证据角度，证明函件更类似于金融交易的客观记录，特别在金融监管软件的日常监控和记录下，不能掺杂制作人的主观判断，因此，取证需要符合例行规则，即必须是证券交易机构例行性、机械性记载，否则这类证据材料不具有证据能力。从主观证据的角度，证明函件是针对异常交易所出具的分析意见，因其主观性远大于客观性，即使被法院采纳，也必须由出具人或制作人出庭作证或加以鉴真。我国台湾地区在刑事司法实践中肯定了金融公文证书的证据效力。2015年其“最高法院”判决明确了这一实践做法，指出交易分析意见具有证据能力，内容是否可采属于证明力问题而非证据能力问题。从司法效益出发，这一做法更有利于排除争论，便于侦查机关直指“查明真相”，节省刑事警力资源。然而，当代金融交易行为瞬息万变，尤其在侦查阶段，尚未厘清复杂民商关系的前提下，这种绝对限定实质上剥夺了审判阶段金融刑事案件控辩对抗的空间。因此，必须在此基础上发展其他有限的例外性规则。

基于司法金融鉴定的高度专业性，在审判中心逻辑的前提下，由于证券金融分析意见等函件需要更多金融专家，存在着现有的鉴定人制度转向专家证人制度的可能倾向，前期的侦查取证很可能不会在审查起诉阶段结束，而是根据法庭的需要进行证据的补充。因此，有必要建立侦查取证中的补正规则。

一是对专家意见的补正。如果控方的有专门知识的人仅表达专业意见，对专家的基础事实或资料存在疑问，必要时，由公安机关根据需求调取，协助补正相关资料。但被追诉人能够自行补正的，不在此限。

二是侦查程序的补正。如果金融鉴定意见未经质证而直接适用，当事人对此存有异议，则相关意见作为未经质问的被告人以外的人在侦查中向侦查机关所为之陈述，事后在庭审中对质问程序进行补正，即为合法调查之证据。

三是勘验程序的补正。金融犯罪的大数据监管系统得出的鉴定意见，如果当事人提出异议，可以要求在提取电子数据时在场，经过补正的金融勘验检查的鉴定意见方可在审判中适用。

经过程序的设计，能使金融犯罪案件中对金融函件等经鉴定意见受到程序的约束，在金融函件的证据能力难以有效辩护的情况下，通过侦查与审判结合的补正，进一步保障当事人的辩护权利。

二、金融犯罪电子数据的修正规则

在金融犯罪中，大量犯罪证据以电子数据的形式存在，但是，是否所有的证据都完全适用电子数据的取证规则呢？比如，根据证据法学理论，如果是根据推断得出的结论，往往不能作为证据使用。大数据是否是刑事证据饱受质疑，然而，不可否认的是，大数据背后的每一项电子数据确是真实有效的证据存在，因此，金融犯罪电子数据规则必须在取证时加以修正。

一是关联性规则的运用。

首先，在金融犯罪中，出于证券交易指令背后身份查明的需要，在搜查交易场所的办公电脑时，仅知道某个账号或IP地址被使用，并不能证明使用者的身份或地点，必须有其他证据来证明交易记录与搜查处所的关联关系，否则，不具有指令者身份的证明力。

其次，对金融调查报告必须查明制作人主观意志和单纯资料数字运用的关联，金融交易条件的设置，并不等同于个股价格，其中包含着金融工程设计与参与人员的专业能力，尤其是衍生金融产品，还有相当比例的金融从业人员主观意志的介入，如果之间存在较多关联，不能以金融公文证书适用规则为由排除传闻规则的适用。

最后，区分适用相关证据规则。借鉴美国电子数据证据分类标准，会计财务报告、财务报表、电子收据等属于电子储存记录，视为言词证据，适用传闻规则；而电子邮件、交易指令，混合了人的意志，应根据情况选择适用传闻规则。而按照一般商业运行模式所产生的资料输入，则属于电子产生记录，仅需要验真。

二是误差分析规则的运用。

《证券法》已经把程序化交易纳入法律规范，并采取了报告制度。[①]程序化交易的存在，证实在法律层面立法者已经意识到人工智能交易的趋势，因此，在取证时必须要关注金融犯罪电子数据的相关实践性做法，并提炼为取证规则。

电子数据取证领域常把结果当作事实，在错误率的识别报告、调查结果的可信度量化、调查结果的替代性解释报告中都存在问题。[②]误差的存在使得电子数据取证存在一定的不确定性。而人工智能程序化交易的存在，恶意软件的使用加剧了不确定性，其常常故意扰乱真实意图、阻碍取证分

---

①《证券法》第45条。

② Christensen, A. M., Crowder, C. M., Ousley, S. D., Houck, M. M. (2014). Error and its Meaning in Forensic Science. *Journal of Forensic Sciences*, 59(1).

析，为此，英国《法庭科学守则》（FSR 2020a）规定验证、评估、报告测试、顺序考虑[①]的一系列规则流程，对于恶意软件而言，基本事实由于被扭曲和掩盖，通常使用预期值和观察值之间的误差，或者通过独立可信来源进行比较。这就要求如果要确定自动交易程序存在操纵的恶意，必须用顺序的、规范的取证程序加以消除误差，降低干扰。

三是取证过程的优化。

鉴于金融领域的犯罪复杂性，其电子数据如此庞大，按照传统的电子数据取证方式，难以有效进行审查，因此，自动执行哈希值扫描，优化电子数据现场扣押流程，生成可读的摘要型的自动化报告[②]，指导侦查机关整体分析电子设备，都是使侦查取证减少失误，高效便捷的方式。

另外，由于证券金融大数据例行监管的存在，金融案件的相关电子数据不用搜查证，但需要照顾其他法律的特殊规定。综上，实际上是对电子数据取证过程的改造、提炼和简化，虽然现在还处在规则汇集阶段，但其蕴含的巨大的理论可能值得进一步深入探索。

三、金融犯罪证人特殊保障规则

注册制转变，导致刑事制裁的滞后，加上金融犯罪实物证据的收集不易，这就使得公司或企业的举报变得异常重要。毫不夸张地说，人证甚至是大多数金融犯罪案件唯一的证据来源，证券类金融犯罪的人证往往来源于内部，就是所谓的吹哨人。2019年，国务院文件首提吹哨人[③]，在《证券法》修改后，虽然刑法修正案没有跟进，但吹哨人制度可以视为在证券

① Kennedy I, Bandara A, Price B. Towards increasing trust in expert evidence derived from malware forensic tools. *The Journal of Digital Forensics, Security and Law: JDFSL*, 2020, Vol.15(2), pp.1–24.

② Schreuders Z C, Cockcroft T, Butterfield E. Needs assessment of cybercrime evidence in a UK police force. *International Journal of Cyber Criminology*, 2020, 14(1): 316 - 340.

③《国务院关于加强和规范事中事后监管的指导意见》（国发〔2019〕18号）。

法中已经建立[①]，但是，仅仅局限在身份保密制度和奖励制度。根据相关条例[②]，也仅仅限制在违法违规问题的举报，并未明确规定刑事犯罪的举报问题，而且奖励仅限于实名奖励，保密也只是编码管理。这就容易造成刑事犯罪线索的中断。在刑事诉讼中，虽然证人保护机制在2018年得到加强，但也仅仅是在司法解释中增加了律师查阅案卷时签署保密承诺书。[③]吹哨人保护制度虽然源于完善的行政相对人保护制度，但在刑事司法中还属于新生事物。

纵观英国1998年的《公益揭露法》，美国2002年的《沙宾法案》（或称萨班斯法案）和2010年的《多德–弗兰克法案》，日本2006年的《公益通报者保护法》，在诸多法律文件中都不同程度地规范了金融犯罪中的刑事吹哨人问题。比如，吹哨分为内部吹哨（公司企业雇员或劳动者）和外部吹哨（股东），对内部吹哨的要求是合理相信和善意[④]，忠诚保密义务的免除[⑤]。对外部吹哨的要求是检举揭发动机合理，必须不是为了个人利益等。但总体上存在着诉讼消灭时效过短，实际难以救济；对吹哨者证明责任要求较高；举报成本过高，补偿数额较少等缺点。

以《刑事诉讼法》为例，金融犯罪案件举报者还没有被纳入证人强制保护特殊案件范围，而且，金融犯罪案件的举报者往往并无人身安全的危险，反倒是解聘、解雇、市场排斥等商业经济损失的风险远远大于人身安全风险。因此，金融犯罪的吹哨人可能不受相关法律保护。

另外，如果吹哨者不愿作为证人作证，有可能仅仅作为案件线索而无法接受法庭审判。如果作为“污点证人”举报群体从事违法证券发行买卖等集团犯罪或内幕交易等隐匿性犯罪时，应当实行法庭辩论程序不公开制

---

①《证券法》第176条。

②《证券期货违法违规行为举报工作暂行条例》第6、9、10、12条。

③ 2021年3月1日《最高人民法院关于适用〈中华人民共和国刑事诉讼法〉的解释》（简称《高法解释》），第256条。

④ *Employment Rights Act 1996*, s.43B

⑤ 日本《公益通报者保护法》。

度，防止吹哨人泄露身份。

除了刑事责任减免之外，还应当进行其他责任豁免，因为吹哨人还面临着诸多风险：对公司或企业单位来讲，面临着泄露商业秘密、违反知识产权、保密协议；对公司法人或被举报人个人来讲，还面临着公司忠诚义务、工作规范、诽谤、侵权等风险。因此，加强刑事司法以外的行政、民事规范联控是重中之重，否则，如果刑事案件不成立或不受刑事惩处，吹哨人则面临着同行业的排斥、管理人员的打压等非常不利的状况，因此，刑事侦查取证中的证人保护超出了非金融刑事案件的重大意义，这就要求取证时要采取审慎、周全的原则，加强立法和劳动保护配套机制，防止对证人出现不利的社会和经济后果。同理，在金融领域有专门知识的人，比如注册会计师等，由于在金融犯罪追诉活动中，作证事关重大，也都应当进行类似制度的构建。

虽然司法实践对此需求迫切，但是学术研究整合不足，要么将吹哨事项仅局限在重大财务舞弊案件[①]，要么已经关注证券犯罪，但扩张了吹哨人的概念[②]。然而，上述建议却意在模仿美国式私人起诉和重奖机制，并未对适应中国环境下的吹哨人制度加以阐发。根据美国吹哨人计划最新年报分析，双重报告原则下反报复保护值得借鉴。其将罚没资金填补投资者保护金基金余额不足[③]，实现了财产保护与人身保护有机平衡，为公安机关与证券监管机构共同构建金融犯罪证人特殊保障规则提供了有益借鉴。

① 参见叶琦：《论资本市场注册会计师吹哨人制度的构建》，《证券市场导报》2020年第4期。

② 参见仇晓光、杨硕：《证券举报人制度：价值源流、规则构成与启示》，《社会科学战线》2016年第11期。

③ 参见曾斌：《美国证券吹哨人制度的最新情况及启示》，《清华金融评论》2020年第7期。

第三章　社会学、刑罚学和被害人学的交叉研究

——校园霸凌的社会综合治理

美国法庭对中国留学生校园霸凌案惩处的严厉程度引起了国内的广泛关注。近些年来，校园霸凌虽然在相关部门的治理下有所遏制，但整体形式仍不容乐观，未成年人犯罪开始引发社会关注。校园霸凌行为不是孤立的、偶发的激情行为，而是青少年群体亚文化追求权势的极端表现。笔者以社会学、刑罚学和被害人学理论交叉研究校园霸凌的社会综合治理问题，将其设置为第三章。本书认为，应当以实事求是的态度探究其原因和解决问题的办法，不能受困于某种观念或理论，在校园霸凌和未成年人犯罪问题上缩手缩脚。应当修改相关未成年人刑事司法制度，将“教育为主、惩罚为辅”的未成年人刑事政策原则落到实处，真正做到“宽容而不放纵”，同时应关注涉案未成年被害人的保护。

2021年6月1日，教育部研究颁布《未成年人学校保护规定》，该规定共63条，涉及保护学生的人身安全、人格权益、受教育权、休息权利、财产权利等。其中“特别保护”一章规定：学校应当落实法律规定建立学生欺凌防控、预防性侵害、性骚扰等工作制度，建立对学生欺凌、性侵害、性骚扰行为的零容忍处理机制。

针对欺凌，该规定明确，学生之间，在年龄、身体或人数上占优势的一方蓄意或者恶意对另一方实施前款行为，或者以其他方式欺压、侮辱另一方，造成人身伤害、财产损害或者精神损失的，可以认定为构成欺凌。教职工发现有学生实施下列行为的，应当及时制止：殴打、脚踢、掌掴、抓咬、推撞、拉扯等侵犯身体或者恐吓威胁的行为；以辱骂、讥讽、嘲弄、挖苦、起侮辱性绰号等方式侵犯人格尊严的行为；抢夺、强拿硬要或者故意毁坏他人财物；恶意排斥、孤立他人，影响他人参加学校活动或者社会交往；通过网络或者其他信息传播方式捏造事实诽谤他人、散布谣言或者错误信息诋毁他人、恶意传播他人隐私。①

教育部《未成年人学校保护规定》，引发了人们对校园欺凌和未成年人刑事司法的新一轮关注。

“欺凌”一词对应英文单词“bullying”，亦可音译为“霸凌”，根据《韦氏词典》的解释，霸凌（欺凌）意为“行为、言语有羞辱骚扰甚至导致身体或财产上的伤害与损失”②。校园欺凌案件指发生在校园及合理辐射区域之内的未成年人之间的违法犯罪案件，其行为人与被害人均是未成年人。

---

① 参见《〈未成年人学校保护规定（征求意见稿）〉发布》，《人民日报》2021年4月9日。

② 具体可见：https://www.merriam-webster.com/legal/bullying，最后访问日期2021年4月14日。

校园欺凌不是新出现的现象，这一现象由来已久，发展到今天已经出现多样化、隐形化的趋势，虽然在相关部门的治理下有所遏制，但整体形式仍不容乐观。不论是在影视剧中还是在生活中，我们都看到了不少未成年人实施暴力、欺凌的事件，但是大部分人特别是为人父母者都不会把这些事件与违法犯罪联系起来，更不用说去关注未成年人刑事司法程序了。在长期尊崇儒家文化、怜老恤幼，有着春秋断狱传统的东方国家，法与情之间似乎缺少明晰的界限，很多时候往往因为主体身份的关系而隐晦甚至否认事件的犯罪性质。在推进社会主义法治建设的过程中，我们需要正视未成年人犯罪问题，从理念和制度上提出更好的解决方案，在追求社会公平正义的同时最大限度地保护、教育未成年犯罪人，帮助未成年犯罪人改过自新，尽早重返社会。

第一节
校园欺凌和未成年人犯罪

校园欺凌行为在世界各国都存在，我国也概莫能外。但是，在我国把它和未成年人刑事司法联系到一起并引发社会公众广泛关注的事件还要从五年前在美国发生的中国小留学生校园欺凌案说起。

一、在美国发生的中国小留学生校园欺凌案

2015年3月30日，在美国留学的中国小留学生翟某伙同十几名小留学生（均为未成年人）将另一名小留学生刘某（未成年人）带到一个偏僻角落进行施暴，其中包括扒衣服、强迫吃沙子、剃头发让她吃掉等行为。在殴打的过程中，还有女生用手机拍照留念。行为被曝光后，被告人翟某等人竟然认为自己的行为只是普通的校园行为，不会引起法律后果。2015年6月，美国加州颇莫纳高等法院的法官就该案传唤了3名成年被告人，美国洛杉矶高等法院认为：本案构成一项折磨罪、三项绑架罪和两项殴打罪，其中前四项都是重罪，尤其是折磨罪，最高能够判处终身监禁。本案中，翟某和另外两名被告人刚满18周岁，还有其他未成年人参与，法官会先裁定这些未成年学生的处理程序，再作出相应的处理，但是即使是未成年人

也会受到相应的处罚。[1]当地时间2016年1月5日，作为案件当事人的三名中国留学生的律师和检方达成认罪减刑协议，三人分别被判刑13年、6年和10年，刑满后将被驱逐出美国。

此案自从媒体曝光之后，在国内及国外华人社区引发热议。校园内的学生欺负同学、打群架居然可能会被判终身监禁。虽然之后三人通过辩诉交易被判处了相对较轻的刑罚，但是与国内同类事件的处理结果相比较仍是重刑。在这些热议和对判决结果惊讶的背后，是我们固有的认知和观念受到深深的冲击。对于这样的判决结果，不少网友拍手称赞，说："这些无法无天的小恶魔终于得到了她们应有的惩罚。"也有网友反问："这是不是国人在外国所受的不公平对待？"通过对媒体报道及网络评论的梳理，我们可以看到，国内大多数人的关注焦点都集中到了"重刑"方面。这一事件在美国同样成为媒体争相报道的热点，只是美国民众对判决结果并不意外，他们认为什么样的行为受到什么样的处罚，法律都有明文规定。[2]

二、我国的未成年人校园欺凌

近些年来，我国校园欺凌现象屡屡发生。仅2020年10月至2021年4月就有大量校园欺凌事件被媒体曝光，造成了较恶劣的社会影响。

表3-1　2020年10月至2021年4月校园欺凌案件统计

序号	时间	欺凌事件	处理结果
1	2020年10月19日	广西柳州市一名10岁学生被高年级学生勒索钱财，后对其进行殴打威胁，并录制视频在网络上传播	由涉事学生家长给予赔偿并赔礼道歉，对涉事学生进行教育，校长免职处理

① 参见：《女留学生在美遭绑架 施暴者罪行令人发指》，搜狐网，2021年4月14日。

② 参见吴娟：《小留学生欺凌事件的美式解读》，《中国教育报》2016年2月25日。

续表

序号	时间	欺凌事件	处理结果
2	2020年11月2日	北京市一名16岁男生被同学扒光衣服强行看淫秽视频并进行猥亵，用手触摸大腿、胸部、臀部、脸部等部位	涉事学生被班内处罚，公安机关表示已介入调查
3	2021年1月22日	安徽省明光市一名女生在厕所中被另两名女生揪住头发掌掴和抽打，其间夹杂着持续性的辱骂，最终晕厥在地	对涉事学校校长免职，对责任教师停课，并安排心理辅导教师对涉事学生进行心理疏导
4	2021年3月25日	广西凌云县一名八年级男生在宿舍床上被多名同学殴打辱骂，打人者脚踢、抽打该男生面部，甚至还摁住该男生头部。打人者时不时言语挑衅该名男生，周围将近十人围观，无人上前制止	学校对参与殴打的学生进行批评教育，通知学生监护人到学校配合处理并进行调解，安排专人对被殴打学生进行心理疏导，公安部门对参与殴打的学生进行批评教育，责令监护人加强管教，双方监护人已达成谅解协议
5	2021年3月27日	河北省海兴县一名中学女生被四五名女生辱骂、掌掴、踢打，并撕扯掉其衣服，同时拍摄视频上传至网络	公安机关立案调查，教育部门对事件涉及的学校在全县通报批评，责令涉事学校对相关责任人作出处理；配合乡镇党委及派出所，到涉事学生家庭与学生家长沟通，对涉事学生进行心理疏导
6	2021年4月7日	贵州省镇宁县一名女生在酒店房间内被三名女生殴打，施暴者对其扇耳光、撕扯头发，另外还有一人在录制视频。周围还有其他女生指责被打者，甚至叫好。被打女生脸颊红肿流血	公安机关回应称已介入调查，但其余情况“暂无法透露”

通过表3-1可以看出，校园欺凌事件并非个案，而是发生在全国各地，带有一定的普遍性。由于近年来学校安保工作的加强，很多学校进行封闭

式管理，校外人员不能随意进出校园，所以校园欺凌案件中的当事人多为熟人，并且校园欺凌这种暴力行为逐渐由单一冲动性行为开始向有预谋有组织的团伙作案转变。当前家长与教育机构对校园欺凌事件普遍存在着一种误解，觉得这只不过是小孩子之间“闹着玩”，发生点小矛盾小摩擦而已，批评教育一下就好了。可事实却是这种小矛盾小摩擦变成了逼迫磕头下跪、打耳光、拳打脚踢甚至动用棍棒。校园欺凌事件的发生也并非一些学者所认为的缘于未成年人“法律意识淡薄”，我国校园普法宣传教育活动已经开展多年并且卓有成效，下面的访谈堪为颇具讽刺性的反证：在对一名校园欺凌的施暴人的访谈中，该生表示：“我们下手都有分寸，不会打能出事的地方；打个耳光踹几脚，老师知道了顶多批评几句；家长找到学校最多赔礼道歉，到医院检查一下；就算报了警，警察也不会管的！”也就是“不致死致残，不反社会就没问题”[①]。

全社会对校园欺凌认识不足，家长与教育部门认识缺位，发生校园欺凌后往往愿意“息事宁人”，公安司法机关则多对校园欺凌怠于行使职权，近年来执法力度有所加大，但仍不能很好地解决这一问题。多方面的原因助长了施暴者的嚣张气焰，让他们变本加厉地实施欺凌行为。有调查显示施暴者往往存在以下问题：滥用酒精和药物、参与打架斗殴、破坏财产、过早参与性行为。而遭受欺凌的孩子通常会遇到以下状况：上课注意力不集中，学习成绩下降，出现厌学、逃学情况，甚至最终辍学；精神忧郁或焦虑，与家人朋友交流减少，寝食不安，出现自闭倾向，更有甚者出现自残行为。[②]由此可见，校园欺凌并非孩子之间“闹着玩”，其危害性不容小觑。

三、 校园欺凌和未成年人犯罪现象分析

未成年人是国家的未来。在我国，20世纪80年代以来，随着经济和社

---

① 参见储殷:《当代中国校园暴力的法律缺位与应对》,《中国青年研究》2016年第1期。

② 具体可见：https://zhuanlan.zhihu.com/p/20197246，最后访问时间2017年2月15日。

会的高速发展，未成年人享受着越来越丰富的物质文化生活，但也面临着多元价值观的冲突，未成年人犯罪逐渐成为一个突出的社会问题。根据最高人民法院公布的数据，自2000年以来，未成年犯罪人数年平均增长率高达13%。未成年人犯罪呈高发化、团伙化、低龄化、暴力化趋势，近年来媒体频繁报道的校园欺凌案件就是其中的典型表现形态。

不仅是发生在美国的留学生欺凌案件引发了公众的关注，国内中小学存在的校园欺凌现象也随着新兴媒体的发展而频繁曝光于公众视野之中，其数量和恶劣程度也足以让人震惊、愤怒，但是国内的校园欺凌事件曝光后往往没有下文，结果大多是“相关部门已介入调查处理”。在信息大爆炸的时代，也很少有人持续关注这些事件的处理结果，欺凌事件进入司法程序的更是屈指可数。从中外校园欺凌的处理中我们可以思考更深层次的东西：为什么相似的校园欺凌会有不同的处理结果？应当如何看待我国对校园欺凌的处理方式和矫正思路？我国未成年人刑事司法政策能否有效地防止校园欺凌的发生？

根据一项针对全国29个县十余万名中小学生展开的调查数据显示，我国校园欺凌事件发生率为33.36%，其中经常被欺凌的占4.7%。[①]据国家统计局发布的数据显示，2018年，全国小学在校生10339.25万人，全国初中在校生4652.59万人，结合前面统计数据，施暴者与被害人都将是一个庞大的数字，那么保守估计这其中涉及刑事犯罪的也绝对不会是一个小数目。但是我国未成年人校园欺凌案件很少进入司法程序，这与我国的相关法律规定和司法实践有很大的关系。如2020年12月修订之前的《刑法》第17条规定，已满14周岁不满16周岁的未成年人只有犯8项重罪才会承担刑事责任。[②]2021年3月起开始实施的《刑法修正案（十一）》规定：对已满12周岁

① 参见姚建龙：《应对校园欺凌，不宜只靠刑罚》，《人民日报》2016年6月14日。

②《刑法》第17条规定：已满16周岁的人犯罪，应当负刑事责任。已满14周岁不满16周岁的人，犯故意杀人，故意伤害致人重伤或者死亡、强奸、抢劫、贩卖毒品、放火、爆炸、投毒罪的，应当负刑事责任，已满14周岁不满18周岁的未成年人犯罪，应当从轻或者减轻处罚。

不满14周岁的未成年人，实施了“故意杀人、故意伤害罪，致人死亡或者以特别残忍手段致人重伤造成严重残疾，情节恶劣”等犯罪情形时，经最高人民检察院核准追诉的，应当负刑事责任。这样的规定恐怕不能不使得司法人员产生某种思维定式——除非发生死亡或者重伤的结果，未成年人之间的暴力和欺凌行为不构成犯罪，实践中也普遍认为校园欺凌行为不构成犯罪且不需要未成年人承担刑事责任。这种已经延续几十年的立法和司法思维，已经不能适应现在的社会现实。

早在21世纪初的调查研究中就已经显示，我国未成年人犯罪年龄同20世纪90年代相比提早了2—3岁，18周岁以下未成年犯罪上升约120%，14周岁以下未成年人犯罪更是上升了约280%。[①]加之社会的发展，互联网的普及，现在未成年人的身心发育速度大大加快，已非生活在那个封闭、单纯环境中的父辈可以比拟的。就像前文访谈中那个校园欺凌的加害人，大部分未成年人已经对刑法有了一定的了解，也知晓自己行为会带来怎样的后果，他们之所以做出欺凌行为并非因为缺少相关的法律知识，而是明确地知道现有法律不会对他们进行严厉的惩罚，所以有恃无恐。

很长一段时间以来，国内的相关机构与研究人员对校园欺凌关注不够，至今还有相当一部分人简单地将两者等同起来，发生校园欺凌行为时，只用一般校园暴力的观念和解决方法来应对，甚至只当做小孩子之间的“闹着玩”，处理方式仅仅停留在当面制止或口头批评层面，根本无法达到对加害人惩罚矫治的目的。

四、 未成年人校园欺凌的亚文化因素

中国的未成年人犯罪或校园欺凌问题存在着非常恶劣的现象，即一些未成年人借助家庭的社会地位和影响力，在校园内横行霸道。加害者的家

---

① 参见缪颖丰、郑胜锋：《试论未成年人犯罪及不诉帮教机制》，“中国犯罪学学会第十八届学术研讨会”论文集，2009年8月1日。

庭或父母没有给他们应有的教育和引导，反而在他们实施校园欺凌行为甚至犯罪行为后，借助自身社会地位和影响力帮助子女掩饰和开脱。“富二代”、“官二代”和“黑恶势力二代”在学校里被区别对待，同学不敢惹、老师不敢管。个别无良教师为巴结加害者学生的家长，还会主动对他们给予各种照顾，这些“二代”们受不良社会风气影响自然而然地认为自己高其他同学一等，权力、金钱和拳头是解决一切问题的最佳手段，善良、正直、勤奋、礼貌这些学校本应传授的主流文化对他们毫无意义，对权势和金钱的过早崇拜使他们乐于结成小团伙小圈子，依仗自身的优势地位欺压同学，通过同学的恐惧感和“臣服”建立自己在班级或校园中的权势，以获得他人认可。这种亚文化一直是校园生活中最阴暗的一面。普通同学在这些校园“小霸王”的欺凌下，往往敢怒不敢言，家长也往往愿意息事宁人。老师校长则不想“家丑外扬”，发生校园欺凌后往往拒绝外部社会力量介入，而公安机关对此类行为往往容易忽略，严重一点的欺凌行为最多让“小霸王”的家长赔医药费了事。这种社会现实情况，使一部分“小霸王”产生了错觉，即同学不敢反抗我们，老师管不了我们，就算被抓到派出所，因为年龄小达不到处罚标准，家里人赔了钱就能出来，我们家里又不缺钱，干了多大的事花钱都能摆平，最多让我爸扇两巴掌，我妈还得从旁边拉着。小的恶行不能及时受到遏制和矫正，反而被漠视，客观上起到了纵容“小霸王”们建立班级或校园“小王朝”的行为。有些专家总是认为那些校园欺凌行为是孤立的、偶发的和临时起意的激情行为，这是不对的，很多校园欺凌行为反倒是有组织、有计划甚至是有步骤的团体行为。

那些有恃无恐的“小霸王”们组织成小团伙，有计划地进行校园欺凌行为，征服同班同学以建立在班中的权势和地位，对不服从者和反抗者进行惩罚。而一旦建立他们心中的“小王朝”便会收取保护费，骚扰女同学，对其行为反抗者又会遭到校园欺凌行为的“镇压”。这些“小霸王”还存在与其他班级或学校的“小霸王”争霸或为女同学争风吃醋的问题，不同小团伙之间的打群架甚至械斗行为就不可避免，“小霸王”们通过校园欺凌行为建立他们在男同学心目中的首领地位，同时以此获得女同学的欢心。因此，校园欺凌行为其实是学生群体亚文化的一种表现，切不可当成中小学生之间的胡闹等闲视之。这种校园中的“小霸王”如果不能及时受到教育和矫治，错误的价值观和行为方式会深植于心底。未来进入社会，会把在校园内建立“小王朝”的成功经验复制到工作和生活中，借助其家世背景横行不法。到那时的校园欺凌行为就有可能发展为严重的犯罪行为。事实上，现在各地的很多黑恶势力成员恰恰就是从前校园中的“小霸王”们。

第二节
域外校园欺凌和未成年人刑事司法实践

一、域外校园欺凌

校园欺凌现象并非某一个国家或者某一种族所特有，而是在世界各国都普遍存在的一种现象，就连日本天皇的女儿爱子公主也曾遭受过某种形式的校园欺凌，从而惧怕上学常常缺课。[①]日本为了遏制严重的校园欺凌问题，于2013年6月出台了第一部专门针对校园欺凌问题的法律《防止欺凌对策推进法》，该法比较全面地规定了国家和地方公共团体、学校、监护人的责任和义务，以及在发生校园欺凌案件时这些主体应当采取的预防和处理措施。除此之外，日本还有一套较为系统的未成年人刑事法律体系，其中包括《少年法》《少年审判规则》等。日本《刑法》关于刑事责任年龄下限的规定与我国《刑法》类似，其第41条规定不满14周岁实施的行为不处罚，但不等于不会受到其他法律的评价和处罚。《少年法》第24条规定："对于作出决定时未满14周岁的少年，在认为特别有必要的场合可以移送少年法院。"这就意味着未成年人实施校园欺凌行为，只要构成犯罪

---

① 蒋来：《曾遭校园霸凌吓出胃病，今因节俭获得认可》，环球网，2021年11月12日。

的，都可以进行刑事追究。[①]

在美国有多种专门针对校园欺凌行为的研究组织和预防计划，包括政府在内的各种力量都在力求出台相应的法律及文件以维护校园环境和保护学生安全，在2015年3月美国蒙大拿州通过反欺凌法之后，美国50个州都有了自己的反欺凌法。新泽西州有着全美最严厉的反校园欺凌政策，其政策规定每一所学校都必须出台切实可行的反欺凌规则，与此同时学校的每一名教职员工都有义务阻止和汇报自己所了解的校园欺凌事件。校园欺凌一直是美国教育部所重视的问题之一，为此美国教育部专门为学校教职工人员提供培训以应对校园突发的欺凌事件，而专属于校园的心理咨询师则担负着被害者的心理康复工作。[②]

（一）域外未成年人刑事司法模式

世界上不同国家和地区在未成年人刑事司法理念上有相近或相同的一面——虽然每种理念体现的保护程度、惩罚程度不同，但是它们均体现了对未成年人权利的格外重视和对未成年人的人文关怀，也都强调了国家和社会的责任。对未成年人刑事诉讼模式的选择需要慎重，因为它影响着未成年人刑事案件诉讼程序变革的方向。不同的观念会产生不同的刑事诉讼模式，司法模式（惩罚模式）、福利模式（保护模式）以及二者混同的混合模式（二元模式）是最有影响力的三种未成年人刑事司法模式。

1.司法模式（惩罚模式）

司法模式又称惩罚模式，该模式强调刑罚的威慑性，主张触犯了刑法的未成年人应接受严厉的惩罚，让他们对犯罪产生畏惧感，从而阻止未来的犯罪，并且法律惩罚的严厉性应当与所犯罪行的严重性相当。司法模式推崇法律面前的平等性，认为未成年人犯罪也会经过其自身心智的思考与

---

① 参见向广宇、闻志强：《日本校园欺凌现状、防治经验与启示——以〈校园欺凌防止对策推进法〉为主视角》，《大连理工大学学报》第38卷第1期。

② 参见张自然：《面对校园暴力，美法两国零容忍》，《中国教师报》2015年9月30日。

决断，因此应当为自己的行为付出代价。在该模式下，程序的正当性就显得尤为重要。在司法模式下，案件由专门的法官审理，但法官的自由裁量权受到限制，一般情况下检察官甚至辩护律师都会介入。法庭审理时，控辩双方进行抗辩，被告人在被认定有罪之前被推定为无罪，并享有程序上的保护，比如庭审和指控的告知、法律帮助、免受非法的搜查等，这些都为“平等”奠定了基础。似乎可以说，这种模式下对未成人的诉讼实际上与对成年人的诉讼并无二异。

2.福利模式（保护模式）

福利模式又称保护模式，该模式认为，造成未成年人犯罪的原因是不良的外界环境，在一定程度上，他们对自己的行为无须承担责任。在对他们进行审判时，由独立的未成年人法院法官审理，法官只有裁断采取保护性措施的权力。且法院的作用并不是对未成年人作出有罪判决，而是帮助他们尽快回归社会。因此，该模式的特点是程序具有非正式性，采取个别化的处理方式。在这种模式中，未成年人照管专家处于核心地位，社会工作部门是最重要的机构。[①]传统的严格附属于成年人刑事司法体系的正当程序保障，如律师辩护、证据规则等，都被认为是没有必要的。

3.混合模式

混合模式又称二元模式，既承认未成年人是自己犯罪行为的责任人又不忘对其进行保护，故刑罚与教育措施或教育制裁并存。[②]现代各国的未成年人刑事诉讼程序越来越追求司法模式（惩罚模式）和福利模式（保护模式）的兼容，因为两种模式各有优势。福利模式（保护模式）顺应了刑罚的个别化趋势，具体问题具体分析，能够更有针对性地保护未成年人。而司法模式（惩罚模式）能够在惩罚犯罪、为被害人伸张正义和保护社会秩序方面发挥有效作用。两种模式相互借鉴，相互汲取精华，就形成了混合模式。

① 参见卢少锋：《未成年人犯罪案件诉讼模式初探》，《中共郑州市委党校学报》2008年第5期。

② 卢建平主编：《京师刑事政策评论》第3卷，北京师范大学出版社2010年版，第159—162页。

（二）域外未成年人刑事司法实践简析

未成年人犯罪，在很大程度上受到了家庭乃至社会环境的影响，也在某种程度上反映了一些社会职能的缺失或者说是社会疾病。因此，强调国家和社会对未成年人犯罪负有责任的同时，更应强调国家和社会在未成年人重返社会中所应负担的义务。社会经济生活中存在的社会财富分配的不公平，社会政治生活中各个阶级、阶层和利益集团的矛盾，社会精神生活中不同的思想观念和文化习俗的冲突，这些因素都是促使犯罪产生的重要原因或者说有害元素。未成年人在成长的过程中，不具备完全的辨别是非能力和自我掌控能力，[①]对外在环境中的各种有益或有害元素的吸收都非常快，容易误入歧途，所以国家和社会应该为此担负必要的责任。

在未成年人司法中，惩罚犯罪与保护未成年人始终是两个不变的主题，在惩罚与保护的关系问题上，各国的发展呈现一定的差异性。在现代的未成年人司法中，没有一个国家的未成年人刑事诉讼程序是单一的司法模式（惩罚模式）或福利模式（保护模式），混合模式或者二元模式广泛适用。如法国从早期的以少年否定观念与新社会防卫论为基础的保护模式调整为强调修复功能的混合模式；而美国经历了司法惩罚模式、福利模式和司法惩罚/福利二元模式的不同发展阶段。

近几十年来，随着人权观念深入人心，社会对未成年人权利保护的认识越发认同。同时，被害人保护观念的复苏也让人们开始对一味强调未成年犯罪人保护而不顾及被害人权利保护的理念进行反思。

（三）联合国的有关规定

未成年人刑事司法不仅是各个国家国内法关注的焦点，而且一直被联合国所重视，自从1955年第一届联合国预防犯罪和罪犯待遇大会召开以

① 温小洁：《我国未成年人刑事案件诉讼程序研究》，中国人民公安大学出版社2003版，第52页。

来，未成年人犯罪及诉讼程序问题一直都是各届大会讨论的重要议题。

1966年通过的《公民权利和政治权利国际公约》和《经济、社会和文化权利国际公约》开启了联合国关注未成年人司法之路，《公民权利和政治权利国际公约》在未成年人司法基本准则方面作出了建设性规定，《经济、社会和文化权利国际公约》则主要关注儿童的健康权、教育权和基本自由。1985年在中国北京通过的《联合国少年司法最低限度标准规则》（以下简称《北京规则》），对世界各国未成年人司法理念和制度的发展起到了推动作用。《北京规则》确认了未成年人的特殊需求和处理未成年人违法犯罪的灵活性原则，创造了一整套系统的未成年人权利保护标准，主张减少正式诉讼程序带来的消极影响，尽量减少监禁刑罚，若是必须采用，则尽可能短地控制其时限。[①]1990年联合国通过的《预防少年犯罪准则》（《利雅得准则》）和《保护被剥夺自由少年准则》（以下简称JFL规则）吸收了《北京规则》的有关内容和精神，此后成为未成年人司法的重要国际性文件。其中，《利雅得准则》强调在社会化的过程中给予未成年人应有的尊重，鼓励更加普遍地运用不同于刑事司法的社会政策来预防未成年人违法犯罪。[②]1989年通过的《儿童权利国际公约》，被称为儿童权利保护“大宪章”，该公约虽然没有以未成年人司法为主要内容，但是它为未成年人司法制定了处理未成年人问题的最高标准，同时为未成年人司法程序的设置提供了可借鉴的标准，目前已经有196个国家成为《儿童权利国际公约》的缔约国。

二、对未成年人犯罪治理思路的反思

未成年人刑事司法制度是处理未成年人违法犯罪问题的重要制度。我国历来十分重视教育和挽救失足未成年人。我国于20世纪90年代专门出台了《未成年人保护法》与《预防未成年人犯罪法》；2012年修订的《刑事

① 参见王敏远：《论未成年人刑事诉讼程序》，《中国法学》2011年第6期。

② 侯东亮：《少年司法模式研究》，法律出版社2014版，第201—202页。

诉讼法》中第一次增设了“未成年人刑事案件诉讼程序”。不仅如此，在预防与治理校园欺凌问题上，2020年10月最新修订的《未成年人保护法》第39条明确了“学校应当建立学生欺凌防控工作制度，对教职员工、学生等开展防治学生欺凌的教育和培训。学校对学生欺凌行为应当立即制止，通知实施欺凌和被欺凌未成年学生的父母或者其他监护人参与欺凌行为的认定和处理”。该条第3款也在一定程度上明确了校园欺凌的处理方式，即“对实施欺凌的未成年学生，学校应当根据欺凌行为的性质和程度，依法加强管教。对严重的欺凌行为，学校不得隐瞒，应当及时向公安机关、教育行政部门报告，并配合相关部门依法处理”。该规定具有极大的指导性意义，未来在具体操作中仍有进一步细化的空间。2020年12月第十三届全国人大常委会第二十四次会议表决通过最新修订的《预防未成年人犯罪法》中，一方面系统全面地梳理了该法与《刑法》、《未成年人保护法》等法律的关系；另一方面通过篇章结构的调整与重塑实现了三级预防为逻辑基础的分级处遇。与此同时，在2012年《刑事诉讼法》新增“未成年人刑事案件诉讼程序”的基础上，我国在2021年3月开始施行的《最高人民法院关于适用〈中华人民共和国刑事诉讼法〉的解释》(以下简称《新刑事诉讼法解释》)首次明确了“对遭受性侵害或者暴力伤害的未成年被害人及其家庭实施必要的心理干预、经济救助、法律援助、转学安置等保护措施”，为真正实现对未成年受害者保护的落地生根提供了立法基础。上述一系列法律的颁行标志着未成年人刑事司法制度在我国的形成和发展。

未成年人是一个特殊的群体，未成年人犯罪也是一类特殊的犯罪，我国在选择未成年人刑事司法模式时，吸收了司法模式和福利模式的有益做法，秉承惩罚犯罪和保障人权并重且更倾向于保障人权的理念，选择对未成年人有利的方式进行矫正改造。

有些学者认为，未成年人犯罪是被动的，是“犯罪选择了他”，而非“他选择了犯罪”。假设未成年人走上犯罪之路是因为社会及家庭教育的影响，那么相较于把未成年人看成一个需要承担责任的罪犯，受害者的身份反而更适合于未成年人。[①]这种观念在我国社会有一定的认同度，不少学者认为，未成年人是一个受害者，犯罪是由于各种原因造成的，典型的就是家庭（父母）原因，如长期受到家暴等。然而在诸如美国等西方国家，家庭观念意识不强，父母子女关系松散，未成年人犯罪并不必然归因于家庭，更多时候被认为是个人原因。犯罪后得不到同情，因而司法程序与成年人差别不大，所以处罚严厉也就不足为奇了，因此才出现了文章开头严厉处理中国留学生的事件。如果说未成年人刑事司法模式的不同导致了校园欺凌处理结果的不同，那么中国网民对美国法院的判决几乎一边倒的支持，就不能不让人感到奇怪了。看起来，中国的普通公众似乎对学者专家的思路并不买账，真实的校园欺凌对广大未成年人切实的威胁和心底朴素的公正观念让他们普遍地支持对校园欺凌中的未成年犯罪人进行严惩，而不是姑息纵容。

在未成年人刑事政策方面我国一贯奉行“教育、感化、挽救”的方针，坚持“教育为主、惩罚为辅”的原则。联系到校园欺凌案件，它们同样适用，或者用更精练的语言概括就是“宽容而不放纵”，该政策的核心内容是“坚持教育的立场，保持一定程度的宽容，并不排斥惩罚”。这样的未成年人刑事司法理念和制度是与时俱进的先进理念和制度，但在实践中却似乎走了形，出现了“荒腔走板”：如发生校园欺凌案件之后，公安司法机关往往不主动介入，欺凌案件很少进入司法程序；施暴人不够刑事责任年龄或行为达不到犯罪标准的校园欺凌案件，处理结果往往是“一放了之”，这样处理的结果大多是暂时性地将危险隐藏，日后则会暴露出更大的社会隐患；而在对施暴人采取了刑罚、收容教养等限制人身自由的措施之后，又缺乏相应的跟进措施，往往“一罚了之”，有惩无戒；[②]工读学

① 徐美君：《未成年人刑事诉讼特别程序研究——基于实证和比较的分析》，法律出版社2007年版，第39页。

② 参见颜湘颖、姚建龙：《宽容而不纵容的校园欺凌治理机制研究——中小学校园欺凌现象的法学思考》，《中国教育学刊》2017年第1期。

校面临着招生难、教育管理模式落后、工读生易被标签化等问题，逐渐沦为一种形式；缺乏对校园欺凌案件中被害人的照顾与赔偿，被害人的心理疏导工作处于空缺状态。我们不应忽略在校园欺凌中所暴露出来的诸多问题，必须对我国未成年人刑事司法理念与制度在实践中荒腔走板的原因进行反思。

笔者认为，过分追求或拘泥于超越本国社会发展阶段的某种观念或理论，机械地适用某种国际规则，受其他国家评价所累在对待校园欺凌和未成年人犯罪问题上缩手缩脚，正是这一问题的深层次原因。

针对校园欺凌反映出的未成年人犯罪问题，我们应当以实事求是的态度探究解决问题的办法。《联合国少年司法最低限度标准规则》（《北京规则》）是在我国北京召开的国际会议上通过的规则，具有重大的世界影响和政治意义。在复杂的国际人权斗争中，西方国家一直对我国进行无端攻击，1985年通过的《北京规则》充分说明了我国对青少年人权的尊重和对人权保护的积极态度，可以视为我国在国际人权斗争中的一次重大胜利。《北京规则》本可以成为我国建立健全未成年人刑事司法制度的契机，但遗憾的是，它在某些法律工作者心中成为打击校园欺凌行为和未成年人犯罪的一种负担或者障碍。笔者认为，不能受困于超越本国社会发展阶段的某种观念或理论，而阻碍对校园欺凌和未成年人犯罪问题的打击，不能机械地适用某一国际公约，在校园欺凌和未成年人犯罪问题上缩手缩脚。现在的很多学者，一谈未成年人犯罪问题就是如何保护未成年犯罪人不受伤害尽早回归社会，选择性地忽视了未成年犯罪人对被害人的严重侵害和对社会秩序的严重影响。未成年犯罪人的权利需要保护，难道被害人的权利就不需要保护了？未成年犯罪人回归社会需要关注，难道被害人的身心康复就不需要关注了？真是咄咄怪事。

面对校园“小霸王”们有组织的校园欺凌行为，我们首先想到的应该是如何打击矫治，如何保护被他们伤害的更需要关注的其他未成年人的权利，然后才应该考虑如何保护未成年犯罪人正当的而非高人一等的权利。

另外，说到保护未成年犯罪人的权利，应该是保护他们的诉讼权利，而非逃避诉讼的权利。保护未成年犯罪人的诉讼权利和保护成年人的诉讼权利一样都是正当的和理所当然的。根据我国国内法和签署的《北京规则》等一系列国际公约和规则，应当保护未成年犯罪人的诉讼权利，对其加以特别关照和优待也是应有之意。但是如果以保护之名行枉法放纵之实，受国际评价所累对待未成年人犯罪问题缩手缩脚，在未来一定会引发更严重的社会问题。

因此，笔者认为，我国针对未成年犯罪人的刑事政策“宽容而不放纵”是正确的刑事政策，但必须落到实处。“宽容”和“不放纵”都很重要，“教育”和“惩罚”一个都不能少。下面，就让我们对我国未成年人刑事司法的各项制度逐一进行反思和检讨。

第三节
对现行未成年人刑事司法制度的检讨

一、实体法方面

（一）关于刑事责任年龄的问题

域外刑事责任年龄的下限往往较低，如加拿大、荷兰、丹麦等国家是12周岁，香港为7周岁，美国因各州规定的不同在7周岁至13周岁间浮动。[①]一个人的成熟，不单指身体发育达到生理成熟标准，还应心理成熟。显然，一个人是否成熟更加取决于心理层面。目前世界各国多接受了这一观点，并在刑事责任年龄的立法中综合考虑心理与生理因素，如德国法律规定："针对已满十四周岁不满十八周岁的犯罪嫌疑人，要综合考察该犯罪嫌疑人的心理成熟程度，才能做出是否追责的决定。"2020年12月修订前的我国《刑法》第17条规定：已满14周岁不满16周岁的人，犯故意杀人，故意伤害致人重伤或者死亡、强奸、抢劫、贩卖毒品、放火、爆炸、投毒罪的，应当负刑事责任，已满14周岁不满18周岁的未成年人犯罪，应当从轻或者减轻处罚。改革开放40多年来，我国经济与社会快速发展，未成年人生理心理发育，特别是心理发育均大幅提前，我国刑事责任年龄的规定

① 殷淑娟：《论我国未成年人刑事责任年龄制度的完善》，辽宁大学2015年学位论文。

已经不能适应当今的社会现实，必须做出相应的改变。[①]因此，2021年3月起开始实施的《刑法修正案（十一）》规定：对已满12周岁不满14周岁的未成年人，实施了“故意杀人、故意伤害罪，致人死亡或者以特别残忍手段致人重伤造成严重残疾，情节恶劣”的犯罪情形时，经最高人民检察院核准追诉的，应当负刑事责任。这就将我国关于刑事责任年龄的下限在特定条件下降低了2周岁。不过，无论是在特定的8种犯罪中以14周岁为刑事责任年龄，还是在特定条件下继续降低刑事责任年龄2周岁，可以作为犯罪加以惩罚的未成年人越轨行为其实并不太多。

这就引出了未成年人刑事司法存在的一个大问题——大量的青少年“犯罪行为”因为不符合刑法追究犯罪的刑事责任年龄条件，所以无法通过现行法律制度进行追诉。如果他们是成年人，那么他们的越轨行为理所当然具有可罚性，应当被裁决为“犯罪”，他们当然地负有刑事责任，需要接受法律的惩罚。但是由于他们未成年人的特殊身份，所以他们不负有刑事责任，他们的越轨行为在刑法上也不被认为具有可罚性，这就使得他们的越轨行为无法受到刑法追究。而如果未成年人不负刑事责任无法受到刑法追究，即他们的越轨行为不具有可罚性，那么严格的来讲，也就不能将其越轨行为裁决为犯罪。在司法实践中，大量的青少年实施的“犯罪行为”因为不符合刑法规定，所以不需要负刑事责任，无法受到刑事追究，因此也就不能被裁决为犯罪。但是，不被裁决为犯罪不等于这些“犯罪行为”不存在，不等于这些“犯罪行为”对社会秩序的破坏和对被害人的伤害不存在。如果不能追究这些“犯罪行为”，那么被破坏的社会秩序就难以恢复，被伤害的被害人的生活亦难以恢复。那么，如何解决这些无法追究的“犯罪行为”就成为我们亟待解决的问题。各国为了能够使严重破坏社会秩序、对被害人造成严重伤害的未成年人“犯罪行为”能够更多地受

---

① 根据我国《刑法》第17条规定，不满十四周岁的犯罪嫌疑人，因为法律拟制其不具备刑事责任能力，所以无须承担刑事责任。不同于其他被赋予相对自由裁量权的制度，有关刑事责任能力的规定为刚性规定，按照我国刑法“罪刑法定”原则，司法机关只能完全按照规定执行。

到刑法的追诉，采取了一系列的补救措施，“恶意补足年龄原则”就是其中比较有效的一种。我们似乎可以引入“恶意补足年龄原则”来尝试解决这一问题。该原则指如果未成年人尚未达到刑事责任年龄，但有充分证据证明该未成年人能够分辨善恶对错仍执意行恶的话，便可追究其刑事责任。“恶意补足年龄原则”适用于打击不足刑事责任年龄犯罪人的恶性犯罪[①]，这一原则在英国、美国以及我国香港地区都有司法先例，如我国香港地区就规定10周岁至14周岁的少年属于限制行为能力人，负不完全的刑事责任，如控方能证明该少年能够分辨善恶对错仍执意行恶的话，便可认定其有刑事责任能力。[②]“恶意补足年龄原则”有着许多优点，其不足之处也不容忽视，该原则可能在司法实践中给予裁判者过多的自由裁量权，从而造成裁判或法律适用的不统一。同时对“恶意”的评估鉴定证明标准高于一般证明，启动“恶意”的证明也可能牵扯到更多更复杂的相关知识。

（二）未成年人社区矫正制度

社区矫正，作为一项宽严相济张弛有度的刑事政策，对于解决日益严重的未成年人犯罪问题，构建和谐社会有着重大意义。但从当前来看，我国未成年犯罪嫌疑人适用社区矫正存在着如下问题：（1）目前我国社区矫正制度处于发展建设时期，社区矫正效果有待提高。在一些地方，社区矫正实际上形同虚设，被交付社区矫正的未成年犯罪人实际上处于放任自流的状态，他们仅仅是定期到社区矫正机构报告而已，这样的社区矫正更多的类似于取保候审，客观上没有达到矫正和教育的效果，实际上就是对犯罪人的放纵。（2）个别未成年犯罪人的家长把社区矫正作为逃避监禁刑罚的手段，运用特权和金钱上下运作，勾结极个别审判人员（检察人员）造成司法腐败。这使得社区矫正在司法实践中存在着针对不同家庭背景未成

① 参见王雷：《遏制犯罪低龄化的新途径——恶意补足年龄原则的引入》，《南方论刊》2017年第1期。

② 参见山茂峰：《关于恶意补足年龄适用的探讨》，《法治博览》2016年第19期。

年犯罪人选择适用的问题，造成基层群众对社区矫正措施本身的不理解和不满。（3）社区矫正工作的开展不单需要司法行政部门进行组织管理，还需要居（村）委员会、学校、监护人员、社会工作者等共同协作，这是一项系统工程，需多方合作形成合力才能保证工作的顺利开展，但是目前我国在这一方面的工作多有不足。

2019年12月颁布的《中华人民共和国社区矫正法》（以下简称《社区矫正法》）是我国首次对社区矫正进行专门立法。该法的一大特点就是引导社会力量参与，以促使矫正对象顺利回归社会为目的，对共青团、妇联以及未成年人保护组织的工作作出具体规定。该法对于未成年人的社区矫正进行了专章特别规定，针对未成年人身心发展情况的特殊性进行的专门保护与矫治，特别规定其信息身份、档案原则上应当保密，这在很大程度上促进了未成年人重新回归社会，开启自己人生的新篇章。未来，要打造一支专业的社区矫正队伍，充分吸收法律工作人员、心理疏导人员和志愿者，最大限度发挥相关人员的责任心和积极性。

二、程序法方面

（一）刑事和解制度

刑事和解制度的最佳对象为生理心理均尚未发育成熟的未成年人。这项制度须有两个前提条件：第一，达成刑事和解必须出于真实自愿，这样才能真正恢复之前遭到破坏的社会关系，司法机关应该处于被动位置，不应为加快结案而主动提起或参与刑事和解中来；第二，加害人必须真诚悔罪，只有在平等自愿的条件下，被害人诉说自己所受的伤害，加害人认真倾听并真诚悔罪与切实赔偿，取得被害人家属的谅解，最终双方达成刑事和解协议。[①]但是实践中有的加害人并不真诚悔罪，认为用钱便可解决一

① 参见陈光中：《刑事和解再探》，《中国刑事法杂志》2010年第2期。

切，这样一来刑事和解制度的初衷没有达到，反而沦为加害人逃脱法律制裁的工具。所以在刑事和解开展之前，一定要注意真实自愿与真诚悔罪的前提条件，司法机关不能推诿塞责或者袖手旁观，必须做好相关的监督工作。

从司法机关的职能来看，其并不是最合适的中间调解人，为和解活动的有效开展应当发展组建专业的刑事和解组织，以独立第四方来担任中间调解人，这样一来既能提高司法效率又能保证和解的真实自愿性。当然适用这一程序时，也要遵循未成年人刑事司法的基本原则，根据未成年人身心特点来开展工作，达成意思真实有效的和解协议，让未成年犯罪人认识到错误，洗心革面重新做人，让被害人得到赔偿，尽快恢复到被害前的正常生活。①

（二）社会调查制度②

社会调查制度是我国少年法庭在长期审判实践中探索建立的，新修订的《刑事诉讼法》把社会调查制度上升到法律层面，是对未成年人案件审判实践的肯定。③

调查报告的内容在确认主观恶性、人身危险性、案件事实方面能够提供重要参考，有助于司法人员妥善处理未成年人刑事案件。虽然社会调查报告不能归为任何一类证据，但从另一方面来看，调查报告具有证据的客观性，其能够客观反映出未成年被告人的家庭、社交、生理情况，这些都

---

① 贾宇、舒洪水：《未成年人犯罪的刑事司法制度研究》，知识产权出版社2015年版，第159—161页。

② 未成年人案件社会调查制度，指的是未成年人刑事案件审理过程中，对当事人的学习、生活情况以及案前表现等进行调查，了解其生活成长环境、家庭教育背景、性格特征、日常表现、犯罪动机等情况，分析其犯罪原因，为教育和惩治未成年犯罪人提供依据，对症下药，使教育和矫治做到有的放矢。

③《刑事诉讼法》第268条规定：公安机关、人民检察院、人民法院办理未成年人刑事案件，根据情况可以对未成年犯罪嫌疑人、被告人的成长经历、犯罪原因、监护教育等情况进行调查。

是推动未成年被告人走上违法犯罪之路的客观因素。[①]

因此，有必要建立社会调查的监督机制，如规定进行社会调查的人员不得少于2人；依法赋予未成年被告人及其法定代理人和被害人及其法定代理人对社会调查员申请回避的权利；社会调查员有义务提供客观真实的调查报告，出具虚假调查报告的行为要依法追责。

（三）未成年犯罪嫌疑人附条件不起诉制度[②]

以往的法律只规定了起诉与不起诉两种相互对立的机制，未成年犯罪嫌疑人附条件不起诉制度的出现，在起诉与不起诉之外增加了第三种选择，同时给予了检察机关相应的自由裁量权，有利于对未成年人犯罪进行有针对性的防治。

虽然未成年犯罪嫌疑人附条件不起诉制度在节约司法资源、预防未成年人犯罪等方面有其深刻价值，但就其规定来看仍有一些不完善之处，如与微罪不起诉的逻辑关系不够明晰，所附条件的内容不明确。有学者认为，检察机关并非适格的监督考察主体。因为检察机关是国家公诉机关，一来与未成年人的接触较少，联系并不密切，且本身案件压力大，司法资源又有限，由其负责难以保障质量；二来一些未成年人对其有一定的畏惧心理，在其监督下不敢违法犯罪，然而一旦脱离监管就恢复本性，反而不利于改造。伴随着社区矫正工作的开展，司法行政机关一直在发现问题和解决问题的过程中积累经验，教育矫正人员队伍日益专业化，相对于人民检察院在监督考察方面其实具有更大的优势。所以，由司法行政机关承担该项职责方为上策。

---

① 参见余进、孙素心：《未成年人刑事案件社会调查制度》，《中国检察官》2013年第17期。

② 未成年犯罪嫌疑人附条件不起诉指检察机关对行为已经构成犯罪但情节较轻的未成年犯罪嫌疑人，作出附加一定条件的不起诉之决定，在考察期限届满时，对符合条件的犯罪嫌疑人终止追诉活动的一种刑事不起诉制度。参见张智辉编：《附条件不起诉制度研究》，中国检察出版社2011年版，第42页。

（四）犯罪记录封存制度

2018年修订的《刑事诉讼法》第286条[①]规定了犯罪记录封存制度，笔者对此也有一些不同意见。学校欺凌和未成年人犯罪中，性骚扰、猥亵和强奸案件是最阴暗的一处角落。未成年犯罪人实施性侵犯违法犯罪的对象也主要是其他未成年人，而性侵对青少年和儿童生理、心理的伤害是巨大的。心理学家研究证明，很多犯有强奸罪的罪犯在被释放后都没有真正改过自新，还会第二次、第三次走上同样的犯罪道路。在很多国家都规定性侵案件的犯罪人假释期间或获释后应当被区别对待，其所在社区居民有权知道性侵犯罪人的存在。[②]故而笔者认为，未成年人犯罪记录封存制度在对待特定犯罪时需要有所例外，强奸犯罪人和其他性侵害违法犯罪人的犯罪记录不应当封存。如果将未成年犯罪人标签化，不利于其成长和回归社会的话，可以不主动公开其个人信息，但应当允许公民在必

① 《刑事诉讼法》第286条规定：犯罪的时候不满十八周岁，被判处五年有期徒刑以下刑罚的，应当对相关犯罪记录予以封存。犯罪记录被封存的，不得向任何单位和个人提供，但司法机关为办案需要或者有关单位根据国家规定进行查询的除外。依法进行查询的单位，应当对被封存的犯罪记录的情况予以保密。

② 英国法律惩治不力曾是性侵未成年人案件高发的原因之一。20世纪70年代，强奸和猥亵未成年少女罪的人最多被判入狱两年，而现在则为最高可判14年。2000年，8周岁的英国女孩萨拉·佩被一名刑满释放的恋童癖者绑架谋杀，后在萨拉的母亲佩恩和媒体的呼吁下，英国2008年制定一项被公众称为“萨拉法”的法案，公众可以接触到在警方备案登记的性犯罪者名单，这样家长就能了解与孩子日常交往较多的人是否有性侵的前科。该法案在2011年开始正式推行，被誉为“为保护孩子免受性侵的重要举措”。英国内政部表示，在法案试运行的第一年中，共计保护了60名孩子远离潜在威胁。1996年，美国《梅根法案》规定，为避免有犯罪前科者出狱后继续危害社会，警方会录取强奸犯的指纹、气味和DNA等资料，并永远存档保留。强奸犯出狱后，他所在社区的警方还会将其照片、住址、外貌特征等个人信息放到网上以供读取，提醒公众留意防范。2004年，《梅根法案》又有了进一步的发展：性侵儿童的罪犯，假释期间须佩戴手腕警告标志与电子追踪器。若一个人曾经犯案两次以上，出狱后还必须每3个月前往警方接受一次问询，甚至胡须、发型等体貌特征有所改变时，也必须及时向警方报告。信息登记在案仅仅是一个开始，有时性罪犯还被禁止接近儿童聚集的场所。在佐治亚州，性罪犯不得在距学校、教堂、公园、滑冰场或泳池300米的范围内工作或生活，违者立即逮捕。近些年，美国多地的社区已开始对性罪犯居住的地区进行管制，越来越多的公共场所禁止他们进入，其中包括北卡罗来纳州、华盛顿州、马萨诸塞州、亚利桑那州等。

要条件下查询。[①]

三、被害人救助和其他配套制度

（一）被害人救助

校园欺凌具有严重的伤害性，不仅是对被害人身体的伤害，对其精神伤害更严重更久远。在上述的欺凌事件中，被害人大多都出现了恐惧自闭等心理问题，甚至有的被害人出现了轻生行为，但是他们仍面临着刑事方面无法追责施暴人、民事方面无法获得充分赔偿的窘迫局面。在司法实践中，尽管相关部门在受害者心理健康恢复、转学等方面予以帮助与支持，但这些花费大多时候并不由施暴者承担。施暴者往往只支付被害人的医疗费与护理费，对于精神损害的赔偿则是鲜有提及。相较于能恢复的身体创伤，校园欺凌事件对未成年人最严重的伤害大多是难以恢复的心理创伤，但是从当前现实情况来看，关于未成年人心理健康这一最容易受损害也最难恢复的权益却处在保护缺失的状态。

当前我国保护未成年人的法律体系已经初步形成。在立法方面，已经制定并出台了刑法、刑事诉讼法、预防未成年犯罪法、未成年人保护法等相关法律，为充分切实保护未成年人打下了坚实基础；在司法实践方面，最高司法机关也出台了各种解释与规定，从而形成了较为完备的配套措施。但是上述的一系列法律多是针对保护未成年被告人，而针对未成年被害人的法律保护严重不足。校园欺凌案件往往发生在未成年人与未成年人之间，同样都是未成年人，刑事司法如何才能在保护被告人与被害人之间保持平衡？

---

① 此外，法条对查询条件界定不甚明确。条文中提到“犯罪记录被封存的，不得向任何单位和个人提供，但司法机关为办案需要或者有关单位根据国家规定进行查询的除外”，这里的“司法机关”“办案需要”和“有关单位”“国家规定”不甚明确。建议加以明确——公安机关应当包括在查询主体之列；“办案”不仅指办理刑事案件还应当包括办理民事和行政案件；“单位”可参照《刑法》第30条、“国家规定”可参照《刑法》第96条进行理解，但应该更加具体。

（二）配套制度

2012年修订的《刑事诉讼法》将未成年人刑事案件诉讼程序作为特别程序独立出来，并增加了社会调查、附条件不起诉、犯罪记录封存等内容，堪称重大的进步。但是还有很多涉及未成年人刑事案件诉讼程序的内容有待于细化，需要建立相应的配套制度以保障其实施。

基于当前我国“宽容而不放纵”的未成年人刑事政策，为更好地解决学校欺凌和未成年人犯罪问题，笔者认为还应从以下方面建立配套制度：一方面在采取责令监护人严加管教措施时要求监护人缴纳一定保证金，并予以规定一定管教期限。彻底废除收容教养制度，将工读学校纳入司法矫正系统，改革其招生制度，符合特定条件的未成年人应当强制其进入工读学校学习。另外，重视对工读学校教育资源的投入，提升教学质量，最大化地减低标签化对未成年人的不良影响。探索推广司法机关、监护人、社会工作者三方参与的未成年人帮护制度。另一方面借鉴域外校警制度，在学校里面派驻警察，这样不仅能维护学校日常安全，同时能起到普法宣传的作用。构建学校、家长、司法机关三方信息互通系统，及时掌握校园欺凌事件信息，司法机关可主动介入调查。与此同时教育部门应重视校园心理咨询室的建设和校园心理咨询师的培养，发生校园欺凌事件之后及时对被害人展开心理疏导，同时注重对被害人个人信息的保密工作，避免网络等媒体对被害人的二次伤害。

总结和讨论

在考虑校园欺凌和未成年人刑事司法的问题时，一方面，我们应当追求对未成年犯罪人的教育和帮助，期待其内心的改变，让其主动认识到行为的错误，并通过矫正重新成为对社会有用的人。另一方面，我们也不能走向另一个极端，进入误区荒腔走板，忽视对未成年人犯罪后的处罚。因为这样反而会传递给未成年人错误的信号，纵容他们走上歧途。如何才能使实施校园欺凌和犯罪的未成年人得到教育与矫正，回归社会，是整个法学界乃至全社会必须要直面的问题。

有鉴于此，面对愈演愈烈的校园欺凌事件，2016年4月国务院教育督导委员会办公室向各地印发了《关于开展校园欺凌专项整治的通知》(以下简称《通知》)。2016年6月，李克强总理对校园欺凌事件频发作出重要批示，批示指出："校园应是最阳光、最安全的地方。校园暴力频发，不仅伤害未成年人身心健康，也冲击社会道德底线。教育部要会同相关机关多措并举，特别是要完善法律法规、加强对学生的法制教育，坚决遏制漠视人的尊严与生命的行为。"2016年11月1日，教育部等九部委联合印发《关于防治中小学生欺凌和暴力的指导意见》(以下简称《指导意见》)。2016年4月的《通知》是国内首个专门针对校园欺凌行为而出台的文件，其目的是"通过专项治理，加强法制教育，严肃校规校纪，规范学生行为，促进学生身心健康，建设平安校园、和谐校园"。该《通知》对校园欺凌问题毫不避讳直击痛点，反映出国家层面已对校园欺凌的严重性与危害性有了明确认识。同年11月出台的《指导意见》则从"积极有效预防学生欺凌和暴力""依法依规处置学生欺凌和暴力事件""切实形成防治学生欺凌和暴力的工作合力"三个方面着手，提出了富有针对性和可操作性的意见，体现了从现行法律政策与现实出发，各方密切配合形成合力，综合防治的明确思路。《通知》要求针对校园欺凌现象开展专项行动，《指导意见》则旨在构建预防校园欺凌的长效机制。①

2016年以来，我国的校园欺凌和未成年人犯罪治理工作取得了较显著

① 参见姚建龙：《防治学生欺凌的中国路径：对近期治理校园欺凌政策之评析》，《中国青年社会科学》2017年第1期。

的进步，[①]但这项工作关乎未成年人的未来或者说是整个民族的未来，太过重大，因此任重而道远，社会各界显然还需不断努力。2021年《未成年人学校保护规定》正式实施，希望能够以此为契机，让社会公众对校园欺凌和未成年人刑事司法更加关注，以完善未成年人刑事司法，有效遏制校园欺凌现象。

① 2016年12月28日最高人民检察院召开新闻发布会，通报了检察机关积极参与防治中小学生欺凌和暴力的工作情况，并发布了典型案例。根据新闻发布会公布的数据，2016年1—11月，全国检察机关共受理提请批准逮捕的校园涉嫌欺凌和暴力犯罪嫌疑人1881人，批准逮捕1114人；受理移送审查起诉3697人，起诉2337人。2016年以来，全国检察机关共对此类案件中的涉罪学生开展社会调查2586人、提供法律援助2369人，落实合适成年人到场2056人、附条件不起诉547人，对符合条件的未成年犯罪嫌疑人、被告人依法封存犯罪记录，大大提高了帮助教育效果。各地检察机关单独或者与公安机关合作设置具备询问、心理疏导、身体检查等功能的未成年人案件专门办案区，探索建立“一站式”取证等适合未成年人身心特点的办案方式，避免因办案方式不当造成“二次伤害”。

第四章　侦查学、证据学、刑事诉讼法学和宪法学的交叉研究

——建立搜查措施的适用条件（证明对象）和证明标准

搜查是刑事侦查的重要手段，是刑事诉讼中的重要环节，具有实体与程序双重价值，对于确保公正审判和正当程序具有重要意义。我国对搜查措施的司法审查尚不规范，因此存在滥用搜查措施和违法搜查的问题。党的十八大以来，新一轮司法改革是推进搜查制度改革的契机。笔者以侦查学、证据学、刑事诉讼法学和宪法学的理论交叉研究建立搜查措施的适用条件（证明对象）和证明标准，将其设置为第四章。本章主张从搜查条件（证明对象）和证明标准的角度对搜查进行证据法规制，旨在通过设定我国搜查措施的启动条件和证明标准，建立与之相适应的配套制度来解决这一问题。

党的十八大以来，习近平总书记多次就全面依法治国作出重要论述，公正司法是撬动实现全面依法治国的支点，因为“公平正义是政法工作的生命线，司法机关是维护社会公平正义的最后一道防线”；而实现的方式就是推进司法改革，以制度的方式保障司法公正的实现，“政法战线要肩扛公正天平、手持正义之剑，以实际行动维护社会公平正义……决不允许执法犯法造成冤假错案……要靠制度来保障，在执法办案各个环节都设置隔离墙、通上高压线”。所以说，司法公正是司法改革的目标，司法改革是实现公正司法的保障，要“努力让人民群众在每一个司法案件中都感受到公平正义，所有司法机关都要紧紧围绕这个目标来改进工作，重点解决影响司法公正和制约司法能力的深层次问题”。在笔者看来，上述讲话精神对于刑事诉讼提出了更高的要求，不仅是过往强调的诉讼结果公正，更是强调以制度来保障司法阶段性公正与诉讼过程性公正，目前的审判中心主义诉讼制度的改革就是以此为基础与目标。

侦查是刑事诉讼的重要环节，在过去的侦查中心主义时期更是扮演着“做饭”的角色。在目前司法改革中，诉讼制度的改革强调的不仅是侦查结果的合法性，更是侦查过程的合法性与合理性。搜查，是刑事侦查的重要手段，指侦查人员依法对犯罪嫌疑人以及其他可能隐藏罪犯或证据的人身、物品、住处和其他有关地方进行搜索、检查。[①]它在收集证据、查获犯罪嫌疑人方面有着举足轻重的作用。而搜查作为一种经常适用的侦查措施，直接针对公民的人身自由权、财产权、住宅权和隐私权，往往因其强制性而与公民基本权利发生冲突。可以说，构建完善的搜查制度不仅具有重要的

---

① 崔敏：《刑事诉讼法教程》，中国人民公安大学出版社2002年版，第460页。

实体价值——实现案件侦破与推进诉讼进程；也具有重要的程序价值——彰显人权保障的理念。所以，这是司法改革的题中应有之义，是公正司法的必然要求。

如今在实现控制犯罪与人权保障平衡的基础上完善侦查程序，进而实现司法阶段性与诉讼过程性公正在各界业已形成共识。从我国刑事诉讼法的两次修改上来看，限制人身自由的强制措施受到了立法者更多的关注，尤其是审查批准逮捕中的证明问题，即逮捕措施合法性的证明问题，已基本得以解决。但搜查制度未能得到应有的重视，如果将搜查与逮捕进行比较，我们甚至可以得出以下结论：从搜查的目的和结果来看，其对公民基本权利的干预更为广泛；从搜查的启动条件来看，其启动的恣意性更令人担忧。因此，如何从制度角度规范搜查行为与搜查措施，已经成为影响公正司法实现的重要因素，是当前亟待解决的重要问题。既有的讨论往往从主体、权利配置、程序等角度进行，而大多又急于借鉴与移植域外法经验，但由于其理论基础与国内迥异，因此相关讨论并没有实际成效。[①]笔者认为，从证据法的角度，运用对搜查措施合法性的证明对搜查措施加以规制，也许可以跳出既有的藩篱，另辟蹊径，解决上述问题。

从证明角度来看，对搜查措施合法性的证明可以从证明对象和证明标准两个方面展开。在搜查措施合法性的证明中，必须设定一个证明对象，才能使此后的证明有的放矢。正如逮捕措施合法性证明中的证明对象，实际上就是逮捕的条件；搜查措施合法性证明中的证明对象，实际上也就是搜查的条件。同样，搜查措施合法性证明中的证明标准，也类似于逮捕措施合法性证明中的证明标准。搜查条件（证明对象）和证明标准的关系可以做如下描述：侦查机关应当证明其申请的搜查行为符合

① 相关讨论如蒋丽华：《法治视野下搜查程序问题研究》，《当代法学》2004年第5期；张建良、王利平：《我国刑事搜查启动程序的反思与重构》，《湖北警官学院学报》2010年第3期。学界关于此讨论不多，成果不丰，实效不显。

搜查的条件，也就意味着侦查机关要对搜查条件这一证明对象加以证明。那么，证明到什么程度才可以使审查搜查申请的人员认定符合搜查的条件呢？这就是搜查证明标准要解决的问题。为了和现行法中审查批准逮捕制度中的术语“逮捕条件”保持一致，笔者倾向于使用“搜查条件”这一较为直观的用语，而不是“搜查措施合法性证明中的证明对象”这一较为抽象的用语。

第一节
搜查证明问题概述

一、搜查措施分析

（一）搜查措施对公民基本权利的干预

公民基本权利，是国家法律保障个人权利的最高依据和准则，是由宪法确认的以国家强制力保障实施的个人在社会的政治、经济和文化等方面不可缺少的权利。搜查会对公民基本权利造成一定程度的侵犯，是由搜查的性质和功能所决定的，这也是我们探讨搜查需要加以规制的起源，有必要对其进行厘清。

第一，搜查的性质决定其具有干预公民基本权利的本质属性。公民基本权利如人身自由、合法财产等受到宪法与法律的确认与保护，而传统侦查手段如羁押、搜查、扣押，却是直接针对公民基本权利，因此，搜查与公民基本权利之间构成一定冲突。"当我们谈论刑事侦查中基本的法治标准的范围时，这些措施应当受到首要的、非同一般的关注。"[1]即使美国将

---

① [德]苏姗娜·瓦尔特:《德国有关搜查、扣押、逮捕以及短期羁押的法律：批判性的评价》，载陈光中、[德]汉斯约格·阿尔布莱希特主编:《中德强制措施国际研讨会论文集》，中国人民公安大学出版社2003年版，第164页。

"同意搜查"视为一种任意侦查行为，仍然不能改变其干预公民基本权利的本质属性。

第二，搜查的功能是确保被追诉人到案或减少社会危害性；收集作为证据之物，为后续的追诉奠定基础；查获作为犯罪之物（违法所得、犯罪工具和违禁品），以确保返还被害人和刑罚的执行。由搜查的功能决定，搜查是以发现应被追诉人或应扣押之物（犯罪证据或应没收之物）为目的，可见搜查的对象除公民人身外，还指向公民的财物（主要是住所搜查和对物搜查），因此，即使是合法的搜查也难免会侵犯公民基本财产性权利，更毋庸说非法搜查。

第三，搜查会对公民基本权利造成直接的或间接的侵害。一般而言，搜查行为本身具有物理强制力，这种干预既可能对公民基本权利造成直接侵害，也可能造成间接损害。例如，在搜查过程中，难免暂时限制被搜查人的人身自由；执行搜查时可采取强行进入、开锁、启封等必要措施，这就对被搜查人的财产造成直接侵害；搜查时进入被搜查人的住所，难免会侵犯其隐私权。正是基于此，法治国家在对搜查程序进行设计时，都将保障人权作为其重要理念。

综上所述，搜查所可能干预的公民人身权、财产权、住宅权乃至隐私权，都是宪法所规定的基本权利，理应得到刑事诉讼法的尊重和认可，只是为了实现犯罪控制的任务使得法律允许侦查机关在一定条件下、一定程度上对于公民基本权利予以适当限制。

（二）现行搜查制度中存在的问题

搜查作为一种适用广泛的强制性措施，与公民的人身自由、财产权等基本权利息息相关，即便是合法搜查，也会对公民的正常生活造成影响，随意启动搜查程序，必将对公民权利造成极大威胁。因此，搜查程序的启动必须十分慎重。在我国侦查实践中，存在着脱离实际需要、过度使用搜查措施的现象，其根本原因就在于搜查程序启动的恣意性，而造成启动恣意的原因在于搜查证明的缺失，具体体现在以下几个方面。

1.未对搜查条件做出明确规定

搜查条件，也称搜查的法定条件、搜查的法定适用条件、提请搜查的条件，就是侦查人员认为应当实施搜查行为的理由或者条件。从证据法学的角度来看，就是搜查合法性证明中的证明对象。设置搜查条件，一方面是使侦查人员的搜查请求符合合法性的要求，另一方面也为搜查证的签发机关作出正确判断提供了依据。然而在我国刑事诉讼法及相关规定中，搜查启动的法定条件阙如。在侦查实践中，只要侦查机关出于收集犯罪证据、查获犯罪人的目的就可以进行搜查，也就是说，根据需要随时可以进行搜查而不受限制。细细推敲，我们就可以发现这样的规定是多么“危险”。因为这样的规定不仅不符合“法律保留”原则，而且在实际运行中有着滥用的风险，因为在案件侦破之前，任何人都可能是嫌疑人，也可能是隐藏罪犯或犯罪证据的人，在不要求具体说明搜查的地点和对象，并有相当理由的情况下，将导致搜查的启动任意化，必将造成人人自危局面的出现。

2.搜查决定权由侦查机关行使

我国《刑事诉讼法》与国外刑诉法相比，在搜查程序上的最大区别就是将签发搜查证的决定权交由侦查机关行使，实行侦查机关内部审查。根据我国《人民检察院刑事诉讼规则（试行）》和《公安机关办理刑事案件程序规定》的规定，检察长和县级以上公安机关负责人是搜查的决定者。[①]将搜查的决定权交由侦查机关行使，无疑使侦查机关绝对地凌驾于被追诉人之上，违背了现代刑事诉讼所遵循的“平等武装原则”和程序正义的要求。正是因为我国刑事诉讼法中缺乏司法分权机制，才有学者批评我国刑事诉讼法是一部集权型刑事诉讼法。[②]一方面侦查人员无需“可能的理由”

① 参见《人民检察院刑事诉讼规则（试行）》第220条和《公安机关办理刑事案件程序规定》第217条。

② 参见万毅、林喜芬：《宪政型与集权型：刑事诉讼模式的导向性分析》，《政治与法律》2006年第1期。

就可请求对怀疑对象进行搜查；另一方面是否搜查的决定权掌握在侦查机关手中，这两方面因素结合在一起，搜查程序启动的随意性就不可避免。

3.搜查对象和范围缺乏限制

在司法实践中，搜查的对象和范围不具体明确，凭一张搜查证侦查机关可以搜查多处、多种物品，甚至是多个人。再加上搜查证记载的内容相当简单，既无搜查的理由，又无明确、具体的搜查范围，也无期限的限制，侦查人员的自由裁量空间非常之大，这为搜查的恣意实施大开方便之门，容易诱发违法搜查行为的发生，侵犯被搜查人的基本权利。

除此之外，我国搜查制度还存在着缺乏独立的司法审查、无证搜查语义不清、缺乏监督与救济体系等问题。[①]这些都与搜查的证明问题息息相关，有待立法予以规范。但由于涉及更为宏观的问题，因此一般而言难以触及，笔者在此不做赘述。

二、搜查中侦查机关承担证明责任的法理依据

刑事诉讼的最终结果是处理犯罪与保障无辜，为了正确行使国家刑罚权，公权力机关对公民基本权利进行强制性限制也是必不可少的。这些强制行为，有的是为了侦查犯罪的需要，有的是为了保全证据，从而保证诉讼的顺利进行及判决的有效执行，也有的是为了预防犯罪等。[②]但无论何种情形，刑事诉讼法上的强制性措施均构成对基本权利的干预，即对公民的基本权利在以公共利益的需要为前提下，许可国家以制定法律的方式来限制。对基本权利加以限制的原因，并非因为国家可以在法律上有概括的优于人民的优越地位，而是因为宪法肯定基本权利的存在，但是这种权利的

---

① 参见天津市河北区人民检察院课题组：《对搜查、扣押、冻结等强制性侦查措施检查监督有关问题研究》,《法学杂志》2011年第2期。

② 参见左卫民、王戡：《论宪法基本权利与刑事诉讼》,《铁道警官高等专科学校学报》2003年第3期。

行使可能会影响到宪法所要保障的其他的或者更高的合法利益，包括公共利益和其他个人利益等。因此，宪法一方面肯定基本权利的存在，另一方面也认为这个利益可能被滥用，对他人及集体利益产生威胁，所以二者之间存在一个"潜在的紧张关系"[①]，这种紧张在刑事诉讼中由潜在变为现实。

在现代法治国家无一不对这种对公民基本权利的限制行为作出层层限制性规定，其中一个重要方面就是向中立第三方做出有搜查必要的证明。在现代刑事诉讼理念下，搜查证明问题的核心，就是侦查机关的证明责任问题。侦查机关为什么要对搜查进行申请和证明呢？从法理上来看，主要源于现代法治的基本原则与刑事诉讼的基本理念之需要。

（一）正当程序之需要

正当程序（Due Process of Law），是一项源于自然法，形成、发展于英美国家的基本法律原则，现代也被法治国家看作是人权保障的核心理念。丹宁曾经对正当程序作了经典的描述："系指法律为了保持日常司法工作的纯洁性而认可的各种方法，促使审判和调查公正地进行，逮捕和搜查适当地采用，法律援助顺利地取得，以及消除不必要的延误等。"[②]正当程序原则基本的要求是任何人不得担任自己事务的裁判者，裁判者必须是中立的第三方。在正当程序原则的要求下，在搜查措施的启动上，应当设立中立第三方，而由侦查机关向其证明有启动搜查之必要。可以说，没有正当程序的指引，搜查措施就会被滥用。

（二）比例原则之要求

刑事诉讼法的目的与作用决定了其必然对宪法所保障的公民基本权利加以限制。然而问题的关键在于，过度限制与失衡必将导致对公民权益的侵犯。如何消弭及调和二者的紧张关系，考察法治国家之规定，一般都以

---

① 陈新民：《宪法基本权利之基本理论》（上），元照出版公司1999年版，第185页。

②［英］丹宁勋爵：《法律的正当程序》，李克强等译，法律出版社1999年版，第1页。

防御性体制为主，最为典型的是以德国为代表的，在美国、英国、法国、日本等国家及我国台湾地区普遍适用的比例原则。

比例原则在自身的发展过程及各国的移植借鉴中不断得到完善，并渐渐跳出其行政法原则的范畴而被普遍上升为宪法原则，成为现代刑事诉讼的基本原则之一。具体内容为：一项法律文件对公民利益范围的触动，不但在目的上，而且在实现目的的手段上均要符合宪法；比例原则的宪法根据包括法治国家原则、平等原则和基本权利保障原则，其贯彻是对国家各种措施形式合法基础上的更高要求；立法者必须使用对公民利益侵害最小的法律来实现国家所追求的目标，并确保法律对公民利益范围进行必要限制所使用的手段是有效的，进而在利益上进行总体斟酌，考察此手段实现的目标价值是否显著高于因实现此目标所使用的手段对公民人身财产等基本权利的损害价值。比例原则，将正义作为目的，将限度作为社会秩序的界限，将公平视为违背比例相称的可能性之间的中部，正是法律终极价值目标——正义的一种体现方式。比例原则不仅是法律体系内生的原则，同时也是各国法制所承认的实质法规范。[①]它所显示的平衡与合法及斟酌的合理性，可以较好地限制公权，防止其出轨并保护公民的基本权利，这无疑是法治精神的精髓，应视为一国的宪法原则。比例原则不仅是审查行政裁量行为的基本标准，也应当是立法、司法等国家行为共同遵循的原则。

刑事诉讼的职权行为，尤其是实施刑事诉讼的强制处分或某些诉讼行为，对公民的基本权利进行公法限制时，由于这时的公权力与私权利存在直接的利益冲突，故一定要在追究犯罪与保障人权之间，寻求一个恰当的中部，保障刑事诉讼目的“实现刑罚权”与为实现这一目的的手段“对公民基本权利的限制”之间，能够达到最为理性化的平衡。所以，在刑事诉讼中一定要贯彻比例原则。这里的比例原则不能简单等同于“合比例”的思想，其精髓不仅是双方利益之间的衡量，更是一种目的与手段之间的价

---

① 台湾行政法学会主编：《行政法争议问题研究》（上），五南图书出版有限公司2000年版，第94页。

值选择。在刑事诉讼法的贯彻执行过程中，在“法律保留”的前提下，防止具体刑事诉讼运作在法律真空下出现权力滥用，最终使得刑事诉讼法在惩罚犯罪的追诉手段与保障公民权利、防止权力侵犯权利的目的之间实现平衡。[①]

（三）平等武装

现代刑事诉讼主要是建立在平等武装基础上的对抗制模式，这种刑事诉讼模式主要目的：“确保被告人免受警察不当行为的侵害，免受检察官滥用权力行为的侵害，确保审判程序的公正性。”[②]平等武装原则根植于人类的平等权，是正当程序原则的要求。刑事诉讼的平等武装原则要求在刑事诉讼中控方与辩方处于同等地位，享有对等权力（利）。因此，侦查方向第三方证明有搜查之必要为其应有之义。

---

① 参见左卫民、王戡：《论宪法基本权利与刑事诉讼》，《铁道警官高等专科学校学报》2003年第3期。

②［英］J.A.安德鲁斯主编：《刑事诉讼中的人权保障》，伦敦大学出版社1982年版，第264页；转引自：陈瑞华：《正当法律程序与美国刑事被告人的权利保障》，《检察理论研究》1994年第3期。

第二节
域外搜查的立法和司法实践

一、域外搜查的发动和批准权限

启动程序是搜查程序的逻辑起点，由于不合法的和不必要的、缺乏合理性的搜查行为必然导致公民合法权益的损害，因此启动程序应十分慎重。许多法治国家对搜查申请、批准的主体及适用的条件都作出严格规定。为防止搜查权力的滥用，保护公民的合法权益，域外众多法治国家或地区大都将搜查批准权和执行权予以分离。

美国基于联邦宪法第四修正案令状主义的要求，搜查权原则上属于法官，侦查机关只有在紧急情况下才可行使，其权力设置所内含的预设前提是“所有搜查与扣押均为恶，未经事前审慎审查是否有搜查的必要性，任何搜查则不具有正当性”①。在德国，根据《德国刑事诉讼法》第108条之规定，对于人身、物品、住所或者其他场所的搜查原则上由法官决定，但在延缓搜查会有危险时，也可以由检察官或他的辅助官员决定。法国的搜查权在初步侦查中属于司法警察，但须经被搜查人同意；在现行犯侦查中，

① Coolidge v. New Hampshire, 403 U. S. 443,467 (1971).

搜查权属于司法警察和司法官；在正式侦查中属于预审法官，但预审法官可以授权司法警察官行使。意大利侦查期间的搜查，原则上由法官或检察官批准，并作出附理由的决定。在日本，批准搜查的是法官，执行搜查的是检察官，或者是司法警察职员，但应遵照检察官的指挥。俄罗斯对住宅及人身搜查原则上由法官决定，但有紧急情形时除外。

综合以上各国情况，不论是英美法系国家和地区还是大陆法系国家和地区，通常情况下有证搜查都需要经过处于中立地位的法官签发令状，警察和检察官无权自行签发令状进行搜查。将批准权和执行权分开，由不同的机关来行使，有利于从制度上和程序上对搜查进行有效的制约，防止搜查权力的滥用，保护公民的正当权益。

二、主要法治国家的搜查证明标准

搜查证明标准，也称搜查的实质要件，也有人把它称为搜查的证明要求，即在什么情况下司法机关才能签发搜查令状，它与搜查的程序要件相对应。西方法治国家除通过法律或判例确立了司法令状主义对刑事搜查予以节制外，基于人权保障和正当程序的要求，又确立了一层更高的门槛，即刑事搜查证明标准作为实质要件。由于法律文化传统和司法体制的不同，各个国家搜查的证明标准也有所差异。

美国宪法第四修正案规定了“相当理由或合理根据”（probable cause）作为搜查的证明标准，其含义是：当执法人员认识到所掌握的事实和情况可以使一个具有合理警觉的人相信犯罪已经发生或犯罪正在发生（在逮捕的情况下），或者相信在某个地方或某人身上可以找到某件东西（在搜查的情况下），才可以认为存在相当理由或合理根据。[①]美国在将搜查的司法令状主义作为宪法内容的同时，又从宪法层次确立了搜查的证明标准，使

① 周宝峰：《刑事被告人权利宪法化研究》，内蒙古大学出版社2007年版，第205页。

法院对搜查的控制具有现实的可能性、可操作性，避免司法控制流于形式，同时也使令状的签发带有实质的合理性和正当性。这在深层次上折射出美国对公民基本权利限制的慎重。[①]

英国刑事诉讼程序确立了以“合理的理由”（probable cause）作为有证搜查搜查的证明标准。这里的“合理的理由”由法官根据申请人提供的材料判断，而不是由执行搜查的警察自行判断。考察英国《1984年警察与刑事证据法》之规定我们会发现，英国对不同对象的搜查适用不同的标准，对搜查人身或车辆采用了“合理的理由怀疑”，对住宅采用了“合理的理由相信”，“相信”的证明标准要高于“怀疑”。

在德国，由于被搜查人在诉讼程序中的地位不同，搜查的证明标准也不同，对于犯罪嫌疑人为“推测”可能收集证据，而对于犯罪嫌疑人以外的其他人的搜查为“依据实事进行推测”。

在日本，对犯罪嫌疑人的搜查，法官“认为有必要时”可以进行，而嫌疑人以外的人则受“足以认为有应予扣押的物品存在”的限制。

就法国刑事诉讼法来看，对于证明要求并未有明确规定，更多凸显职权主义诉讼模式的特点，如在正式侦查中就指明搜查对象是凡是可能发现有利于查明事实真相之物件或者信息资料的地点，[②]反映其证明标准相对更具主观性。但这并不意味着法国搜查制度具有随意性，因为其更侧重于从权力相互制衡、程序复杂化角度对搜查进行限制。

三、搜查条件（证明对象）与证明标准之异同

英美法系国家在搜查的条件和搜查的证明标准上往往都会有所规定。以美国法为例，其搜查的条件与逮捕的条件一样都是相当理由，规定严谨详细。而大陆法系国家在证明对象和证明标准上较之英美法系国家则不是

① 参见刘金友、郭华：《搜查理由及其证明标准比较研究》，《法学论坛》2004年第4期。

② 参见杨正万：《法国刑事搜查制度述评》，《规则民族学院学报》2009年第6期。

那么严格。

在关于美国刑事诉讼法的翻译中经常存在这样的一个问题，就是“搜查条件”与“搜查的证明标准”问题的翻译常常混淆。搜查的证明标准一般被译作“相当理由”或“合理根据”，但在分析搜查的条件时，也使用“相当理由”或“合理根据”指代启动搜查需要符合的法定条件。这种表述经常会使人产生迷惑和误解。但实际上，在美国刑事诉讼规则中，搜查的条件与证明标准的内涵并不一致。[①]作为搜查条件的“合理根据”指以下内容：A要被扣押的财产是否与犯罪活动有关，而且B在要搜查的地方能否发现它。搜查条件实际上就是搜查事项的证明对象。侦查机关应当证明其申请的搜查行为符合搜查的条件，也就意味着侦查机关要对其证明对象加以证明。那么，证明到什么程度可以使法官认定符合搜查的条件呢？这就是搜查证明标准要解决的问题。作为证明标准的“相当理由”，特指警察机关的证明应使法官内心达到的确信程度——一般情况下约为50%以上的主观内心确信程度。[②]换个易于接受的说法就是，警察机关要向法官证明搜查符合法定条件，让法官在内心中大致可以相信在要搜查的地方能够发现与犯罪活动有关的财物。搜查的条件的合理根据描述的是搜查应符合的法定条件是什么，搜查的证明标准的相当理由描述的是法官签署搜查令状时最起码得对搜查符合法定条件这个问题相信到什么程度。

在我国有关的理论讨论中，也常常混淆二者。如有学者在讨论英国搜查制度时，认为“警察要获得治安法官签发的搜查令必须达到以下证明标

① 为避免歧义，本书在讨论搜查条件问题时使用“合理根据”，在讨论证明标准问题时使用“相当理由”。

② 应当做出说明的是，国内多数讨论混淆了治安法官在决定搜查时对“相当理由”判断标准与法院在司法审查中对于“相当理由”的判断标准，错误理解了搜查证明标准问题，将其复杂化。实际上在Gates案中，美国最高法院已经作出说明，当被告人就搜查令的签发提出上诉时，上诉法院在判断“相当理由”时采用的标准应该有别于治安法官；治安法官采用的是事实性审查，即根据警察提交的宣誓书中包含的所有情况从实务和常识的角度来判断在某特定地点是否有相当可能性会搜查到违禁品或犯罪证据；但上诉法院应高度遵从治安法官对“相当理由”所做的判断，否则将导致有证搜查被替代与规避，令状主义陷入崩溃。参见Illinois v. Gates,462 U.S. 213 (1983).

准：发生了严重可捕罪行,将要搜查的地点有对查明该犯罪具有重要意义的证据材料,而且该材料不受法律特权的保护”①。这实际上就是对于搜查条件与搜查证明标准概念的混淆，实际上英国法上搜查的证明标准仅为“合理的理由”，其余的为搜查条件。另有学者研究美国法上的相当理由的标准时，提出相当理由量化困难，不可能是一个固定的标准。②其实该论述又不自知地将条件与证明标准问题混淆，所以笔者会支持这样的观点，即在美国法上搜查的证明标准一般为50%以上的主观内心确信程度。

① 参见郭铭文:《比较法视野中的刑事搜查证明标准》,《赣南师范学院学报》2011年第2期。

② 参见侯晓焱:《论我国搜查证明标准的完善》,《国家检察官学院学报》2006年第1期。

第三节
设定我国的搜查条件和证明标准

一、我国搜查条件之建构

美国搜查的条件可以表述为两点：A被扣押的财产是否与犯罪活动有关，B在要搜查的地方能否发现它。这个条件是符合侦查实际的。搜查的目的就是寻找与犯罪有关的实物证据，因此在搜查前确定要被扣押的财产是否与犯罪活动有关，在要搜查的地方能否发现要被扣押的财产，是直接与搜查目的相关的。同时，这种搜查的条件很好地平衡了侦查效率价值与公民财产权保障价值。搜查的两个条件限定搜查行为只能针对与犯罪活动有关的涉案财产，搜查涉及的场所只能是能够发现涉案财产的地方。除此之外，与犯罪活动无关的财产和不可能找到涉案财产的地方则不允许搜查。这种限定，看似简单，实则切中要害，可以有效地规避侦查机关滥用搜查措施、肆意侵犯公民财产权的行为。这样的搜查条件和搜查的证明标准相结合，更是给防止搜查权的恣意使用上了双保险。

我国应当借鉴美国的搜查条件，设定自己的搜查条件。我国的搜查条件完全可以比照美国的搜查条件设定为：在准备实施搜查的地方存在与犯罪活动有关的财物。我国搜查条件亦可分解为两个要件：A被扣押的财产是否与犯罪活动有关，B在要搜查的地方能否发现它。可以想象，这样的搜查条件不会给启动搜查行为设置过高的标准，不会对侦查效率有丝毫的减损。同时，可以填补我国搜查条件的空白，有效地遏制搜查权无节制滥用的现象，促使侦查机关合理谨慎地使用搜查权，保证其对公民宪法基本权利的最起码的尊重。综上，我国的搜查条件应设定为“在准备实施搜查的地方存在与犯罪活动有关的财物”。设定我国的搜查条件，无论从理论还是实践上都具有重大的现实意义。

二、我国搜查证明标准之建构

搜查的条件设定后，必须要设定合理的证明标准，以使搜查条件的设定不会流于形式。在应然状态下，如果我国建立了针对搜查措施的司法审查制度或针对违法搜查的司法救济制度，那么，搜查条件的设定，可以使司法审查和司法救济对搜查行为合法性的审查有的放矢。明确的证明对象也可以使控方的证明、裁判方的认证有的放矢。而搜查证明标准的规定则可以使控方对搜查条件的证明有确定的标准。控方的证明达到了证明标准规定的主观内心确信程度，就视为控方完成了证明责任，裁判方应当批准搜查申请，允许启动搜查程序；如果控方的证明达不到证明标准规定的主观内心确信程度，就视为控方没有完成证明责任，裁判方应当驳回搜查申请，不允许启动搜查程序。

在实然状态下，当我国的搜查仍然以侦查机关内部的行政审批为唯一途径时，设定搜查条件和证明标准也多少可以对搜查权的滥用加以些许限制。在我国现行法中，搜查只有目的而没有任何限定条件，如果设定了搜查的适用条件，多少可以使侦查机关在适用搜查措施时，将其限定在与侦查条件相关的地点上，即确实与犯罪有关的地点，而不是毫无限制的任何地点。而合理设定了搜查的证明标准，则可要求申请搜查的侦查人员在申请搜查时最起码要有一定主观内心确信程度，除了单纯的怀疑之外要有一定依据。不但自己要内心确信，而且要通过证明让审查者具有一定的主观内心确信，而不能只凭借怀疑，甚至是不合理的怀疑就随意适用搜查措施。

当然，即便在侦查机关内部关于搜查的行政审批程序中设定了启动条件（搜查条件）和证明标准，其作用能有多大仍然未可知。但是这种方法是在无法触及《宪法》《刑事诉讼法》关于司法职权配置的情况下唯一的选择。从积极的层面上说，也是规制搜查权滥用问题迈出的第一步。

在申请搜查之前，申请方应当对是否满足搜查的条件（即下列两个命题）有一定的主观内心确信程度——A要被扣押的物品是否与犯罪活动有关，B在要搜查的地方能否发现它。侦查机关应当对上述两个问题，依据现有证据材料、信息和事实具有一定内心确信之后，才能申请搜查。裁判者（无论是侦查机关的内部行政审批者还是外部司法审批者）都必须在侦查机关提出搜查理由和相关事实依据的基础上进行审查和认证。如果已经能够基本确信要被扣押的物品与犯罪有关，而且在要搜查的地方能够发现它，才能批准搜查。而不能像以前那样只凭怀疑或所谓的侦查需要，不加区别地一味批准。

那么，搜查的证明标准要设定到什么程度才合适呢？笔者认为，美国搜查中的“相当理由”标准是符合证明理论与司法实践要求的。根据前文的分析，相当理由的标准大约对应50%以上的主观内心确信程度，可以通俗地解释为：执法人员认识到的和掌握的事实和情况可以使一个具有理性认知能力的人相信在某个地方或某人身上可以找到某件东西，相信要被扣押的物品与犯罪有关的可能性大于与犯罪无关的可能性，而且在要搜查的地方发现它的可能性大于不能发现它的可能性。

首先，设定相当理由的证明标准符合我国《宪法》关于公民权利的规定。《中华人民共和国宪法》第37条第3款规定：“……禁止非法搜查公民的身体。”第39条规定：“中华人民共和国公民的住宅不受侵犯。禁止非法搜查或者非法侵入公民的住宅。”2004年3月14日十届全国人大常委会第二次会议通过的宪法修正案已经明确规定：“公民的合法的私有财产不受侵犯。”而搜查作为一种强制性措施，从某种意义上说，正是对公民财产权的一种限制，也是对公民人格权的一种侵犯。由于搜查行为实施时，侦查人员直接进入公民的办公室、工作场所及住所，并会邀请被搜查处所的负责人员、工作人员、居民或居委会成员到场，对被搜查人的影响可想而知。如果搜查是必要的和合法的也罢，如果干脆是不合法的，那么就是对被搜查人人格权、名誉权的直接侵犯。日本刑事诉讼法要求，警察在搜查后如未发现任何可疑物品时，应当应被搜查人要求出具证明书，证明该搜查未出现任何可疑涉嫌物品，以清除公民的疑虑和不安，就是考虑到搜查行为对公民人格权、名誉权造成了伤害。如果说单纯对公民财产权的限制还不足以引起我们对规制搜查行为的重视的话，那么搜查行为可能引发的对公民人格权、名誉权的侵害是否可以再添一枚沉重的砝码呢？由于搜查行为可能对公民的财产权、人格权和名誉权造成较大侵害，因此采取搜查措施就应当慎之又慎。不能没有任何根据，仅凭无端猜测就启动搜查措施，而是起码要达到一定的主观内心确信程度也就是证明标准，才可以决定实施。相当理由的一般情况的50%的主观内心确信程度是一种合理逻辑的证明标准——搜查申请者必须达到这样的主观内心确信程度才能申请搜查，而审查批准者必须具有这样的主观内心确信程度才能批准实施搜查。笔者以为，这个确信程度或者说证明标准是对宪法所规定的公民权利最低限度的尊重。之所以是一般情况是因为笔者也认同这样的观点：“搜查的实施也与犯罪的严重程度和受限制公民权利的重要程度有直接关联。这与警察权行使的比例原则是相符合的。”①

其次，相当理由的证明标准符合侦查的规律。设定搜查证明标准是为了规制搜查权的滥用，防止肆意使用搜查权对公民权利的侵犯，而并不是要降低侦查效率。侦查效率的价值始终是侦查阶段首要的价值，因此在设

① 参见陈兴良:《限权与分权：刑事法治视野中的警察权》,《法律科学》2002年第1期。

定搜查的证明标准时，该标准设定不宜过高，应当符合侦查的规律。[①]在侦查的初始阶段，侦查机关不可能掌握十分充分的证据材料，在达到非常高的主观内心确信程度之后才去申请搜查。证据材料不是凭空出现的，是需要通过侦查机关的侦查活动收集获取的，而搜查措施正是侦查机关搜集获取证据材料的重要手段。因此设定过高的证明标准将使搜查活动难以启动。而且，搜查措施本身就是搜集获取证据材料的重要手段，搜查活动难以启动也将使整个侦查活动陷于停顿。相当理由的证明标准是合理的，50%的主观内心确信程度在实践人权保障价值的同时又不会降低侦查的效率价值，不会出现搜查活动难以启动，侦查活动陷于停顿的情况。美国刑事诉讼数十年的成功实践，为我们提供了很好的域外样本和有力的证明。因此，笔者以为，将相当理由设定为我国搜查措施的证明标准是符合侦查规律的。

小结

党的十八届三中全会提出全面深化改革的目标是实现国家治理体系和治理能力现代化，“治理”意味着社会各主体、各要素处于相对平等的状态。刑事诉讼中，过去强调的是公民对于公权力机关侦查、控告、审理案件时的配合与服从；当下“新常态”下审判中心主义的改革则是一扫沉疴，要“运用法治思维和法治方式”进行案件侦查，“决不允许滥用权力侵犯群众合法权益，决不允许执法犯法造成冤假错案”。“法治思维和法治方式”就是要符合法治的基本原则。因此，完善搜查制度是时代之需，而建立搜查

① 有学者通过实证研究说明，标准过高可能引发申请方采取替代与规避措施，包括通知到案、治安检查等，某地公安局法制科工作人员表示，当搜查对象为第三人时，审查控制比较严格，根据侦查人员提交的案卷材料，必须对该第三人处藏匿有犯罪证据或者犯罪嫌疑人达到80%的内心确信，才会同意批准搜查，而该情形下，公安侦查人员基本都采取替代与规避措施，因为在侦查阶段，证据材料的获取较为初步，难以达到此标准。参见左卫民：《规避与替代——搜查运行机制的实证考察》，《中国法学》2007年第3期。

措施的适用条件（证明对象）和证明标准则是完善搜查制度的当务之急。

党的十八届四中全会作出全面依法治国的战略部署，司法改革是推进中国特色社会主义法治建设的题中应有之义。可以说，司法改革的推进与深入，不仅是一种挑战，也是一种机遇，是完善我国各项法律制度的契机。期望我国的搜查制度也能在这一历史性的机遇中得到健全与完善，彰显“尊重和保障人权”的理念，实现习近平总书记“让人民群众切实感受到公平正义就在身边”的要求。

第五章 刑事诉讼法、军事法和国际公约的交叉研究

——海外派遣军事人员的刑事司法管辖豁免

在政治上，中国作为联合国安理会常任理事国，基于《联合国宪章》被赋予了亚洲和世界领导国家的法理地位，不得不对影响地区稳定的国际事件做出符合职责的反应，包括应联合国要求向海外派遣军事人员。在经济上，随着中国经济的高速发展，我国的商业利益遍布全球。在国外突发事件和危机出现时，中国不得不向海外派遣军事人员打击海盗、护侨撤侨、反击恐怖主义、保护石油和贸易通道。无论出于政治原因还是经济原因向海外派遣军事人员，都不可避免地面对向海外派遣军事人员的刑事司法管辖豁免问题。笔者以军事法、战争法和刑事诉讼法理论交叉研究这一问题，将其设置为第五章。本章分析了海外派遣军事人员刑事司法管辖豁免研究的必要性和紧迫性、管辖豁免的法律依据、管辖豁免的实现形式、管辖豁免涉及的范围，并对尽快完善海外派遣军事人员刑事司法管辖豁免制度提出了建议。

1945年，中国以牺牲150万军人宝贵生命的代价艰难地赢得了抗日战争的胜利，成为四大战胜国和联合国安理会五大常任理事国，依据《联合国宪章》从法理上成为亚洲和世界的领导国家，恢复了甲午战争失败后失去的亚洲领导权。新中国成立后，在中国共产党的领导下，我国开始了波澜壮阔的国家建设。特别是1978年改革开放之后经济高速增长，40多年里国家的面貌发生了翻天覆地的变化。目前，中国的GDP已位列世界第二，工业总产值世界第一，专利申请数量世界第一，国民收入达到中等发达国家水平，初步实现了中华民族的伟大复兴。就经济实力、工业实力和军事实力而言，我国都已达到亚洲和世界领导国家的实质标准。此时，我国在1945年依据《联合国宪章》获得的亚洲和世界领导国家的法理地位，也自然而然地被国际主流社会所接受。

第一节
刑事司法管辖豁免研究的必要性和紧迫性

古人云，名不正则言不顺，言不顺则事不成。自古以来，名正言顺、师出有名在军事行动中都非常重要。中国作为亚洲和世界的领导国家，不管我们愿意与否，海外军事动作都不得不逐步增多。中国外交秉承和平共处五项原则，从不以大欺小，不对他国使用武力或以武力相威胁是我们的传统。但是，中国基于法理获得的亚洲和世界的领导国家地位，以及基于经济实力、工业实力和军事实力获得的实际的领导国家地位，要求我国必须履行一系列的国际职责。我国作为富兰克林·罗斯福总统所设想的“四个警察”之一，是亚洲分局的警长，和俄罗斯、美国一起，负有维护亚洲太平洋地区和平与稳定的职责。这种职责既是权力，也是责任或义务。基于《联合国宪章》赋予中国的和平维护者地位，我国不得不对发生在亚洲太平洋地区的可能影响地区稳定的国际事件做出符合职责的反应。向海外派遣军事人员，甚至在海外使用必要武力维持和平都是中国在履行“亚洲警长”职责时不得不面对的问题。而向海外派遣军事人员，就不可避免地会面对一个严肃的法律问题——海外派遣军事人员是否应当获得刑事司法管辖豁免?

海外派遣军事人员指派遣国向其他国家或地区派遣的承担军事任务的军事人员。“海外”意指派遣国国境之外，并不一定是领海之外的国家和地区，也可能是派遣国国境之外的内陆国家和地区。“派遣”指军事人员遵照派遣国命令在境外短期或长期执行军事任务。军事人员包括现役军人和文职人员。国际法中的刑事管辖权依据性质可以分为两类，一类是国家根据其国内刑事立法而使得该国法院有权行使的刑事管辖权，即国家通过本国的刑事司法追诉程序有权惩罚触犯其刑事法律的个人，并由此产生刑事管辖权；另一类则是以国际法和国际公约为基础的刑事管辖权，这类刑事管辖权所规范的是国际罪行[①]，因此又被称为“国际刑事管辖”[②]。本书所研究的对象“刑事司法管辖豁免”包括这两类刑事管辖权的豁免。海外派遣军事人员刑事司法管辖豁免通俗地说，就是我国军事人员被派往海外执行军事任务或从事官方行为时，如果卷入刑事诉讼，其他国家司法部门不能对其讯问、羁押、起诉和审判，不能对其行使刑事司法管辖权，只能由我国自行行使刑事司法管辖权，即只能由我国司法部门对其进行侦查、起诉和审判。

第二次世界大战胜利后，一系列涉及军事行动和战争责任的国际公约相继签订；特别是纽伦堡审判和东京审判，确立了一系列战争犯罪。国际刑事法院（ICC）更是明确将战争罪、反人类罪、种族灭绝罪和侵略罪这四种犯罪列为审判对象。将战争犯罪明确化具体化是人类文明的巨大进步，有利于遏制战争，可以对侵略成性的军国主义国家和法西斯右翼分子予以震慑。但是，国际刑事法院对四种战争罪行的明确化具体化，也给我们增加了一个新的课题——代表正义合法采取军事行动的国家的军事人员如何获得刑事司法管辖豁免？如何不被国际刑事法院起诉和审判？也就是国际刑事法院反战争犯罪的正义之剑如何不被别有用心的国际反动势力利用，伤害到实施合法自卫行为或采取合法军事行动的国家。说得更直接一点，就是国际刑事法院反战争犯罪的正义之剑如何不被别有用心的国际反华势力利用，落到我国的海外派遣军事人员头上？中国的海外派遣军事人

① 参见林欣：《国际法中的刑事管辖权》，法律出版社1988年版，第58页。

② 参见郑晨：《访问军人刑事管辖豁免研究》，中国政法大学2020年硕士学位论文。

员如何获得刑事司法管辖豁免？如何不被国际刑事法院（或海外派遣军事人员接受国法院）起诉和审判？要解决这个问题，就必须研究海外派遣军事人员的刑事司法管辖豁免。

中国作为联合国安理会五个常任理事国之一，显然要履行安理会维护世界和平的使命和职责。[①]事实上，我国也正是基于《联合国宪章》的要求，积极履行安理会常任理事国职责，向世界展现负责任的大国形象。近年来，我国已经成为向联合国维和行动提供维和人员最多的国家。我国先后派出警察、工兵和作战部队参加联合国的维和行动，2015年我军首次派出700人维和步兵营部署到联合国南苏丹特派团，标志着中国维和行动实现了从支援保障型向防御作战型的转变。那么，我国向海外派遣的军事人员在联合国的维和行动中，如果被迫使用武力，误击他国平民或民用目标，在出现财产损失和人员伤亡的情况下，是否应当获得刑事司法管辖豁免呢？

从古代到近代，中国下南洋的侨民遍及东南亚，有几千万之多。近年来，随着我国国际影响力的日益扩大和“一带一路”倡议的实施，大量中国企业走向海外，中国的商业经营目前已遍布全球，侨民更是遍及全世界。在战乱发生地区，护侨撤侨也就成为另一个需要我国在海外派遣军事人员的领域。如果我们进一步追问，假设中国军队在撤侨过程中被迫使用武力，误击他国平民或民用目标，是否应当获得刑事司法管辖豁免呢？

近十年来，中国军队应联合国要求一直在常态化打击索马里海盗。如果中国军队在打击海盗过程中被迫使用武力，出现误击他国平民的情况，造成财产损失和人员伤亡，是否应当获得刑事司法管辖豁免呢？

伴随着打击海盗和撤侨行动，中国海军逐渐成长为蓝水海军。而长期

① 由于中国是联合国安理会常任理事国，按照《联合国宪章》，担负着维护世界和平的使命。安全理事会是联合国的强力机关，“安全理事会应断定任何和平之威胁、和平之破坏或侵略行为之是否存在，并应作成建议或抉择依第四十一条及第四十二条规定之办法，以维持或恢复国际和平及安全”。即安理会有权力也有责任判定侵略行为，并使用武力反击侵略，维护世界和平。

在萨丁湾打击海盗，不可能只靠一两艘补给舰的补给，必须拥有海外军事基地对我舰队提供支持，所以我国在吉布提建立第一个海外军事基地。今后，为打破马六甲瓶颈，保卫我国贸易航道和石油运输航道，我国远洋舰队会需要越来越多的海外军事基地。如果中国军人在海外军事基地执行任务时，造成了他国财产损失和人员伤亡，是否应当获得刑事司法管辖豁免呢?

以上问题的答案显然都是肯定的。

第二节
海外派遣军事人员刑事司法管辖豁免的法律依据

《联合国特权及豁免公约》《维也纳外交关系公约》[①]《维也纳领事关系公约》[②]《特别使团公约》[③]均规定了外国国家官员享有刑事司法管辖豁免。不同国家定义“国家官员”方式可能各有不同，但各类定义方式在认定和判断时均共通地体现出公职性和国家权力紧密联系性等特点。根据“职能需要说”的理论，国家官员享有豁免的目的在于保障该等人员履行职务的需要，为其在接受国履行国家交予的任务提供方便和协助。[④]外国国家官员包括国家元首、政府首脑、外交部长和一般国家官员。狭义的外国国家官员仅指国家元首、政府首脑和外交部长，广义的外国国家官员则不仅包括上述三类人员，还包括“一般国家官员”。一般国家官员与特定国家官员相对应，指的是除经条约等国际法渊源明确的，例如外交代表、国家元首等具有特定指向的国家官员以外的，构成国家官员外国刑事管辖豁免范围的国家官员。也就是，一般国家官员是基于国家官员外国刑事管辖豁免法理基础和属事豁免而取得刑事管辖豁免权的其他国家官员，其豁免的授予

---

① 参见《维也纳外交关系公约》序言部分。

② 参见《维也纳领事关系公约》序言部分。

③ 参见《特别使团公约》序言部分。

④ 参见郑晨：《访问军人刑事管辖豁免研究》，中国政法大学2020年硕士学位论文。

更加倚重于国际通行的惯例，具有一般性和普适性。[①]

一般国家官员仅在代表国家或受到国家授权从事官方行为时，方得拥有刑事司法管辖豁免权。当其不代表国家或没有国家授权时，或当其未从事官方行为而从事私人行为时，一般国家官员不享有刑事司法管辖豁免。笔者认为，一般国家官员的概念是依据国际公约里外国国家官员的概念提出的，其目的是比照国家元首、政府首脑和外交部长的绝对豁免，使代表国家或受到国家授权从事官方行为的其他人员获得相对豁免身份。笔者认为，所谓“一般国家官员”可以理解为：可以享有相对司法管辖豁免权的代表国家或受到国家授权在国外从事官方行为的人员。海外派遣军事人员显然不属于狭义的特定的外国国家官员，不能与国家元首、政府首脑和外交部长一样享有绝对司法管辖豁免。但是，海外派遣军事人员由所在国派遣执行海外军事任务，显然代表其国家，必然受到国家授权，其所执行的军事任务也当然属于国家公务官方行为。因此，海外派遣军事人员符合一般国家官员的要求，属于其他代表国家或受到国家授权在外国从事官方行为的人员。根据前文所述的“职能需要理论”，海外派遣军事人员有权获得相对司法管辖豁免这种一定条件下的司法管辖豁免。这种司法管辖豁免一般限于海外派遣军事人员从事官方行为或执行军事任务时。具体来说，海外派遣军事人员在部队营区内由军事人员派遣国自行管辖，军事人员接受国政府一般没有司法管辖权，除非派遣国主动放弃司法管辖权。海外派遣军事人员在部队营区外从事官方行为或执行军事任务时，享有司法管辖豁免权，但是在部队营区外从事私人行为时，是否享有司法管辖豁免权需要由军事人员派遣国和军事人员接受国依照双边协议、双方共同加入的多国公约或联合国维和部队地位协定决定。这种司法管辖豁免权不仅包括刑事司法管辖豁免权，而且包括民事司法管辖豁免权，除非军事人员派遣国自行放弃。

---

① 参见郑晨：《访问军人刑事管辖豁免研究》，中国政法大学2020年硕士学位论文。

第三节
海外军事派遣人员刑事司法管辖的豁免和规避

海外军事派遣人员刑事司法管辖的豁免实际上是通过两种方式实现的。一种是条约获得式，即通过双边协定和国际公约中规定的司法管辖豁免的内容获得刑事司法管辖豁免；另一种是条约规避式，主要是通过规避国际刑事法院（ICC）《罗马规约》中刑事司法管辖的内容，阻止ICC对其进行管辖，以达到刑事司法管辖豁免的效果。

一、条约获得式的四种主要形式

笔者认为，海外派遣军事人员的刑事司法管辖豁免主要有下列四种形式：根据双边协定或接受国同意获得的刑事司法管辖豁免；根据集体安全条约获得的刑事司法管辖豁免；根据《联合国宪章》《联合国特权和豁免公约》或联合国维和部队地位协定获得的刑事司法管辖豁免；根据《维也纳外交关系公约》等“一揽子”条约获得的刑事司法管辖豁免。

（一）根据双边协定或接受国同意获得的刑事司法管辖豁免

根据双边协议或接受国同意获得刑事司法管辖豁免应该是海外派遣军事人员刑事司法管辖豁免最常见的形式。这种公法上的双边协议，类似于私法上的契约，只要是双方在平等自愿的基础上达成就合法有效，他国无权质疑干涉。这种双方协议可以是针对刑事司法管辖豁免问题签署的专门协议，也可以是双边军事协议中的某一部分条款。这种形式多用于设立海外军事基地、合作反恐、合作打击海盗，或当事国邀请中国军队进入其境内制止侵略、武装冲突或维持和平。

（二）根据集体安全条约获得的刑事司法管辖豁免

这种形式的特征多为签署军事互助条约或集体安全条约，鉴于北约组织是目前世界上最典型的军事同盟或集体安全组织，笔者就以北约组织为例进行分析。北约成员国可以根据《北大西洋公约》在其他成员国领土驻军或进入其他成员国领土执行军事任务。北约成员国设有大量军事基地，不同成员国的部队被派驻到其他成员国的军事基地驻扎或执行海外军事任务，是一种非常普遍的现象，可以说你中有我我中有你。中国一贯奉行不结盟的和平外交政策，因此未参加任何军事同盟。不过，中国是上海合作组织成员国，虽然上海合作组织和北约组织不同，“奉行不结盟、不针对其他国家和地区及对外开放的原则”①，但是上海合作组织保障地区安全的军事合作实践也会出现海外派遣军事人员的情况，如合作反恐、阻止武装冲突和维持和平。

（三）根据《联合国宪章》《联合国特权和豁免公约》或联合国维和部队地位协定获得的刑事司法管辖豁免

《联合国宪章》第 105 条第一款规定“本组织于每一会员国之领土内，应享受于达成其宗旨所必需之特权及豁免”，第 105 条第二款规定“联合国会员国之代表及本组织之职员，亦应同样享受于其独立行使关于本组织之职务所必需之特权及豁免”。

联合国的司法管辖豁免制度是一项以保障其独立行使职能，免受国家

① 《上海合作组织成立宣言》和《上海合作组织宪章》，参见360百科，2021年8月19日。

之不当干涉为目标的重要的国际法律制度。该制度具有国际法和国内法的双重性质：它以国际法为基础，由缔约国国内法所确认。在国际法层面，会员国应当给予联合国一切必要的特权和豁免，使其在不受干涉的情况下独立履行其职能。在国内法层面，若会员国的立法或司法分支确认联合国享有“法律程序”“诉讼”或“管辖”豁免，则任何实体均无法针对该组织提起诉讼。[①]在本书中，这种刑事司法管辖豁免是指联合国维和部队基于《联合国宪章》《联合国特权和豁免公约》或联合国维和部队地位协定获得的刑事司法管辖豁免。

（四）根据《维也纳外交关系公约》等“一揽子”条约获得的刑事司法管辖豁免

《维也纳外交关系公约》《维也纳领事关系公约》和《特别使团公约》等“一揽子”条约都规定了刑事司法管辖豁免的内容。笔者在前文分析过海外派遣军事人员刑事司法管辖豁免的法律依据和相关理论。根据这些法律依据，海外派遣军事人员符合“一般国家官员”的身份，依照“职能需要说”理论，可获得刑事司法管辖豁免。笔者认为，这种形式可以视为“兜底条款”。也就是在没有和当事国签署双边协议的情况下，在没有和当事国共同加入多边集体安全条约的情况下，在没有参与联合国组织的维和行动或联合国授权的军事行动的情况下，中国的海外派遣军事人员仍然可以依照“职能需要说理论”，根据“一般国家官员”的身份，以上述“一揽子”外交公约为依据，获得刑事司法管辖豁免。

二、条约规避式：对ICC司法管辖权的规避

中国没有加入国际刑事法院《罗马规约》，也就是拒绝国际刑事法院

① 参见田立：《联合国维和行动中的侵权责任与司法豁免：对立与破解》，《国际法研究》2020年第5期。

（ICC）对中国公民进行刑事司法管辖。但是，不签署《罗马规约》，不加入国际刑事法院，并不等于国际刑事法院就不能对包括海外派遣军事人员在内的中国公民实施刑事司法管辖。特别是当中国公民在国际刑事法院缔约国领土上被扣留的情况下，很有可能被移送到国际刑事法院受审。因此我们必须采取措施阻止此类事态发生，特别是必须保护我国海外派遣军事人员的安全，绝不允许其被别有用心的国际反动势力移送国际刑事法院起诉和审判。那么，如何阻止我国海外军事派遣人员被国际刑事法院起诉和审判呢？主要有阻止起诉、推迟调查和禁止向国际刑事法院移送本国公民三种办法。

（一）阻止起诉

国际刑事法院可由成员国提出诉讼动议或由检察官办公室决定起诉，也可由联合国安理会提出起诉动议。在别有用心的国际反动势力鼓动联合国安理会提出对中国海外派遣军事人员起诉动议时我国可进行阻止。联合国安理会向国际刑事法院提出起诉动议，需要安理会常任理事国均不反对才能通过，即不能由安理会常任理事国进行否决。鉴于我国是安理会常任理事国，拥有否决权，可以有效地阻止此类起诉动议的通过，进而阻止起诉。

（二）推迟调查

安理会有权要求国际刑事法院对其受理的刑事案件推迟调查和起诉，这种阻止方式也有先例可循。为了使本国参加联合国维持和平行动的官兵和其他人员免受国际刑事法院的管辖，美国竭力要求安理会通过决议，阻止国际刑事法院对与联合国维和行动有关的情势进行调查。在美国的积极推动下，联合国安理会于2002年7月12日通过第1422号决议，要求国际刑事法院在出现与参加联合国设立或授权的行动有关的涉及非《罗马规约》缔约国当前或以前的官员或人员的行为或不行为的案件时，在2002年7月1日起的 12个月内不要对此类案件开始或者着手进行调查和起诉。这是联合国安理会第一次按照《罗马规约》第16条的规定通过要求国际刑事法院推迟对与参与联合国行动有关的涉及非《罗马规约》缔约国国民的案件进行调查的决议。[①]中国在必要时可以以这种方式阻止国际刑事法院对中国海外派遣军事人员的起诉和审判。

（三）禁止向国际刑事法院移送本国公民

在联合国安理会平台之外，我国还可以通过与国际刑事法院（ICC）缔约国签署双边协议，禁止ICC某一缔约国向ICC移交中国公民（海外派遣军事人员）。这种方法堪称釜底抽薪，但是需要和国际刑事法院的缔约国逐个签署这样的双边协议。由于美国经常向海外派遣军事人员，因此其格外担心ICC对其军事人员起诉，所以一直积极与ICC缔约国签署双边协议禁止缔约国向ICC移送其军事人员。类似美国这种非缔约国同ICC缔约国签署双边协议禁止缔约国向ICC移送美国公民的规定，与《罗马规约》规定的缔约国有向ICC移交犯罪嫌疑人的义务相抵触。但是，《罗马规约》第98条第2款明确指出："如果被请求国执行本法院的一项移交请求，该国将违背依国际协定承担的义务，而根据这些义务，向本法院移交人员须得到该人派遣国的同意，否则本法院不得提出该项移交请求，除非本法院能够首先取得该人派遣国的合作，由该派遣国同意移交。"[②]根据《罗马规约》的这条规定，被请求国执行国际刑事法院（ICC）的一项移交请求（例如将美国公民移交给ICC起诉、审判），该国将违背与美国签订的双边协定承担的禁止移送美国公民的义务，而根据这些义务，向ICC移交人员（美国公民）需得到该人派遣国（美国）的同意，则ICC不得提出该项移交请求。也就是说《罗马规约》适用的谦抑性，确保了美国和ICC缔约国签署双边协议中禁止移交美国公民的条款合法有效。中国也是ICC非缔约国，所面临的

① 参见马呈元：《非缔约国对国际刑事法院对本国国民管辖权的规避》，《人民检察》2005年第9期。

② 参见国际刑事法院《罗马规约》。

问题和需要解决的问题非常相似，所以我国也可以借鉴美国签署双边协议的方法，阻止海外派遣军事人员被ICC缔约国扣押后移交给国际刑事法院起诉和审判。

综上，我国可以采取上述三种方法规避ICC刑事司法管辖，以保护我国海外派遣军事人员的合理权益。

第四节
海外派遣军事人员刑事司法管辖豁免涉及的范围

海外派遣军事人员刑事司法管辖豁免的范围包括人的范围和事的范围。所谓人的范围就是海外派遣军事人员的范围，包括现役军人和文职人员，这个问题很简单，在此就不再赘述。所谓事的范围，则是指海外派遣军事人员在哪些种类或形式的军事行动中可以获得刑事司法管辖豁免，笔者认为有以下三类。

一、联合国组织的维和行动

联合国由美英苏中四国建立，其最初性质是为击败德意日法西斯而建立的军事政治同盟。击败法西斯轴心国之后，联合国转变性质，成为与国联类似的大型国际合作组织。甚至从前的敌国德意日都被接纳为成员国。不过联合国初始的军事性质使其保留了安全理事会作为其使用必要武力强制实现和平的机构。《联合国宪章》相当于一个国际公约，凡接受《联合国宪章》并被联合国会员国决议接受者，才能成为联合国会员国。实际上，准备加入联合国的国家必须首先“签署”《联合国宪章》这一“国际公约”，接受《联合国宪章》隐含着加入联合国的每个成员国，让渡自己的一部分国家权力给联合国，必须接受《联合国宪章》第七章“对于和平之威胁、和平之破坏及侵略行为之应付办法”的规定。而《联合国宪章》第七章第39条、第42条内容授权安理会“得采取必要之空海陆军行动，以维持或恢复国际和平及安全”。因此，联合国获得“采取必要之空海陆军行动，以维持或恢复国际和平及安全”的权力（也就是行使武力派出维和部队的权力）来源于《联合国宪章》本身（或者说各成员国的部分主权让渡）。具体来说，《联合国宪章》第一章第4条第一款规定“凡其他爱好和平之国家，接受本宪章所载之义务，经本组织认为确能并愿意履行该项义务者，得为联合国会员国”。第二章第7条规定“本宪章不得认为授权联合国干涉在本质上属于任何国家国内管辖之事件，且并不要求会员国将该项事件依本宪章提请解决；但此项原则不妨碍第七章内执行办法之适用”。第七章第39条规定“安全理事会应断定任何和平之威胁、和平之破坏或侵略行为之是否存在，并应作成建议或抉择依第41条及第42条规定之办法，以维持或恢复国际和平及安全”。第42条规定“安全理事会如认第四十一条所规定之办法为不足或已经证明为不足时，得采取必要之空海陆军行动，以维持或恢复国际和平及安全。此项行动得包括联合国会员国之空海陆军示威、封锁及其他军事举动”。上述条文形成了完整的逻辑链条，说明联合国安理会有权派出维和部队以维持或恢复国际和平及安全（即便在当事国不同意的情况下）。不仅如此，联合国维和行动军事人员有权享有司法管辖豁免。[①]联合国派出维和部队一般需要和当事国（接受国）签订部队地位协定（status of forces agreements，SOFA），以确保维和部队军事人员的刑事司法管辖豁免。

①《联合国宪章》第105条规定：“一、本组织于每一会员国之领土内，应享受于达成其宗旨所必需之特权及豁免。二、联合国会员国之代表及本组织之职员，亦应同样享受于其独立行使关于本组织之职务所必需之特权及豁免。三、为明定本条第一项及第二项之施行细则起见，大会得作成建议，或为此目的向联合国会员国提议协约。”

二、联合国要求或授权的海外军事行动

联合国要求或授权的海外军事行动不同于联合国安理会直接组织的维和行动。这种军事行动，联合国安理会并不出面组织，只是要求或授权联合国安理会成员国或联合国会员国自行采取的军事行动。这种军事行动有联合国要求或授权的合法依据，但并不由联合国直接组织，比较典型的是伊拉克入侵科威特后联合国授权后进行的海湾战争。其他形式的联合国要求或授权的海外军事行动见如下：

第一，因索马里海盗猖獗而引发的世界各国派遣海军在主权国家索马里海域附近的反海盗行动。2008年12月16日，联合国安理会通过决议，授权各国采用一切必要的手段打击索马里海盗，以保护国际海上运输线。欧美国家依照联合国要求或授权，纷纷派出军舰前往萨丁湾和索马里海域打击海盗，就连二战战败国日本都派出了海上自卫队。应联合国要求或授权，我国也派遣海军参加了打击海盗的行动。

第二，某东南亚岛国20世纪60年代和90年代均爆发过屠杀华人的种族灭绝行为，假设在东南亚岛国再次发生针对华裔的种族屠杀行为，该国政府无法制止，甚至其军警人员公然或秘密参与屠杀或种族灭绝行为。此时联合国可授权或要求会员国采取必要措施，制止种族灭绝行为，强制恢复和平。我国基于大量华人被害，不得不遵照联合国要求或授权向该国派遣军事人员以制止骚乱和种族主义屠杀。此时，我国可以和该国政府签署双边协议以获得该国对我国派遣军事人员的刑事司法管辖豁免，也可根据联合国授权直接获得刑事司法管辖豁免。前文已就联合国授权的海外军事行为中军事人员的刑事司法管辖豁免问题做了相关分析，此处就不再赘述。

第三，假设南亚某霸权主义国家，出兵侵略周边某小国。联合国要求或授权会员国制止霸权主义国家的侵略，阻止战争扩大和大规模人道主义灾难，恢复被侵略国家的主权和领土完整。此时，中国依照联合国安理会常任理事国身份，不得不向该国派遣部队分隔双方交战部队，阻止战争扩

大，制止大规模人道主义灾难。这种军事介入或维和行动也属于海外军事派遣，为使海外派遣军事人员获得刑事司法管辖豁免，我国需要和当事国签订双边协议。如果某一交战方拒绝与我国签署双边刑事司法管辖豁免协议，也不影响我国海外派遣军事人员依联合国要求或授权获得刑事司法管辖豁免。

第四，假设中南半岛两国发生了武装冲突，造成难民潮的出现，形成严重的人道主义灾难；或者某中南半岛国家政府军进攻地方民族武装，造成难民潮的出现，形成严重的人道主义灾难。联合国要求双方立即停火，并要求或授权会员国阻止战争扩大，分隔交战双方，制止大规模人道主义灾难。此时，中国依照联合国安理会常任理事国身份，不得不向该地区派遣部队阻止战争扩大，分隔交战双方，制止大规模人道主义灾难。和上文情况一样，为获得刑事司法管辖豁免，中国有必要和当事国签订双边协议。不过，如果交战双方中的某一方拒绝与我国签署双边刑事司法管辖豁免协议，也不影响我国海外派遣军事人员依联合国要求或授权获得刑事司法管辖豁免。

三、没有联合国授权的海外军事派遣

某些国家或地区发生战争、武装冲突、叛乱或骚乱，虽然没有联合国授权强制实现和平，但存在大规模人道主义灾难或存在严重影响地区安全和秩序的侵略行为。此时虽然没有联合国授权但在当事国的邀请下，我国不得不履行地区领导国家维持和平、制止侵略的职责，派遣部队进入当事国执行海外军事任务，这种情况显然也属于海外军事派遣。没有联合国授权的海外军事派遣包括反海盗行动、撤侨护侨行动、反恐行动、维持和平行动和派驻海外军事基地。

（一）打击恐怖主义

自9·11事件之后，恐怖主义分子在全世界范围内进行了一系列骇人听闻的恐怖主义行动，先后对很多国家进行了恐怖主义袭击。中国国内的恐怖主义分子和国际恐怖主义势力相勾结，制造了震惊世界的新疆“七·五”事件，并在其后又进行了一系列针对平民和外交官的恐怖主义袭击。面对恐怖主义分子的丧心病狂，全世界达成了合作反恐的共识。中国作为恐怖主义的受害者，必须坚决打击新疆恐怖势力，以保护妇孺的安全。新疆与内亚、阿富汗、巴基斯坦等国家接壤。众所周知，基地组织长期盘踞在阿富汗和巴基斯坦西部的部落地区。新疆境内的“东突”恐怖分子在国外恐怖主义分子训练营地进行军事训练和武装集结，然后返回我国发动恐怖主义袭击。我国在境内反恐的过程中，有可能出现越境持续打击恐怖主义分子的情况。一种情况是事先和对象国达成双边协议，进入其领土定点清除恐怖主义分子营地。另一种情况则属于突发情况，比如我方反恐军警人员在追击恐怖分子的过程中，如果恐怖分子越过国界外逃，是否可以越境追击？坐视恐怖主义分子越界逃窜会养虎为患，使反恐努力功亏一篑，此时我反恐人员就不得不进入他国国境持续追击恐怖分子。这种越界反恐同样属于海外派遣军事人员。此时，如果我国与对象国已经签署了双边协议，那么越境反恐的我国军事人员自然可以享受刑事司法管辖豁免。如果我国与接受国之间尚未签署此类双边协议，双方可以追加这样的管辖豁免协议，以解决我国反恐军事人员的刑事司法管辖豁免问题。如果在双方未签署此协议之前出现需要承担刑事责任的情况，或双方未能达成合意签署刑事司法管辖豁免协议，我越境反恐军事人员仍然可以依照“职能需要说理论”，根据一般国家官员的身份，以《联合国特权及豁免公约》《维也纳外交关系公约》《维也纳领事关系公约》和《特别使团公约》等“一揽子”条约为依据，获得刑事司法管辖豁免。

（二）海外军事基地驻军

从地缘政治角度来看，中国是被敌对岛链包围的大陆国家。我国的石油供应和主要贸易航线必须首先穿过日本—琉球—台湾岛链，继而穿过越南、菲律宾、马来西亚、印度尼西亚霸占的南海诸岛，到达新加坡—马来西亚扼守的马六甲海峡，出了马六甲海峡也不能松懈，迎面就是印度控制的安达曼群岛。在危机出现时，中国的石油和贸易航线可能在日本—琉球—台湾岛链被封锁，可能在越南—菲律宾相望的南海受到攻击，更别说在黑洞洞的炮口下驶过马六甲海峡不久又要紧接着面对在安达曼群岛虎视眈眈的印度军队。1953年毛主席视察海军洛阳舰指出“要建立强大的海军”，因为强大的海军是保卫石油和贸易航线的“钢铁长城”。当我们的远洋舰队出现在这些危机重重的海域时中国的生命航线也许才会真正安全。不过，兵马未动粮草先行，舰队规模越大，消耗的补给就会越多。只靠几艘综合补给舰，是无法提供长期补给的，而补给短缺的海军其战斗力必然大打折扣。日俄战争时期，俄国波罗的海舰队跨越半个地球前往日本海作战，英国根据英日同盟迫使沿途各国拒绝俄国舰队进入港口停靠获取补给，而俄国又缺乏海外基地，造成波罗的海舰队战斗力急剧下降。到达太平洋时，已奄奄一息的波罗的海舰队急于进入符拉迪沃斯托克军港进行休整，被以逸待劳守在对马海峡的日本联合舰队所重创。俄国海军的惨痛教训告诉我们，没有海外基地，就不能保证远洋舰队的战斗力，也就无法保卫遥远的海外利益和国家安全。因此，中国必须要有海外基地，而且还要数量充足，才能保证我国远洋舰队的战斗力，才能支持远洋舰队保卫石油和贸易航线。此外，执行反海盗任务和护侨撤侨任务也需要海外基地的支持。随着“一带一路”倡议的推进和反恐的需要，在不远的将来，我们也许还会见证境外陆路基地的出现。海外军事基地设立后自然需要派驻军事人员，军事人员在海外军事基地驻扎显然属于海外军事派遣。海外派遣军事人员在基地内自然由我国自行管辖，在基地外从事官方行为或执行军事任务时，享有刑事司法管辖豁免权。但是在部队营区外从事私人行为时，是否享有刑事司法管辖豁免权需要由我国和军事基地所在国依照双边协议、双方共同加入的多国公约决定刑事司法管辖权的归属。

总结和讨论

在2021年7月1日举行的庆祝中国共产党成立100周年大会上，中共中央总书记、国家主席、中央军委主席习近平在天安门城楼上作出指示，“把人民军队建设成为世界一流军队，以更强大的能力、更可靠的手段捍卫国家主权、安全、发展利益”。有观点认为，军事能力全面与彰显国际担当是世界一流军队应该有的状态。随着中国国际地位和国际影响力不断提升，人民军队需要履行同中国国际地位相称的责任和义务，为推动构建人类命运共同体积极贡献力量。[①]在这种宏大的时代背景下，海外派遣军事人员刑事司法管辖豁免的学理研究和实务实践正当其时，适逢其时。

① 参见李纯:《“更强大”“更可靠”习近平展现中国强军之姿》，光明网军事，2021年8月19日。

第六章　法学、伦理学和社会心理学的交叉研究

——侵犯信息安全的界定和规制

信息安全，包括个人信息安全、商业信息安全和国家信息安全，都应当受到法律的保护。法律对信息安全的保护是有位阶的，最温和的显然是民事法律保护或民事制裁，比较严厉的应该是行政法律保护和行政制裁，最严厉的则是刑事法律保护和刑事制裁。从犯罪学的角度看，并不是所有的侵犯个人信息安全的行为和侵犯商业信息安全的行为都构成刑法意义上的犯罪。如果存在着阻却刑事违法性的情况，那么该行为就不能做构成犯罪的法律评价。就侵犯个人信息犯罪和侵犯商业秘密犯罪而言，确实存在从伦理学和社会心理学角度依据特定主体产生的阻却刑事违法性的事由。笔者以法学、伦理学和社会心理学的理论交叉研究侵犯个人信息安全和侵犯商业信息安全的规制问题，将其设置为第六章。

第一节
法学、伦理学和社会心理学并行的界定

一、侵犯信息安全行为概述

笔者上中学的时候，经常听老师讲述一个日本厂商在参观时盗取中国景泰蓝生产技术的故事。景泰蓝采用金属掐丝工艺制成，我方工厂本着中日友好精神，允许日本厂商参观工厂观摩景泰蓝制作过程。日本产商趁机记录了景泰蓝生产的专有技术，并将该专业技术应用于日本产品。景泰蓝专有技术泄露应当界定为商业秘密泄露。这种商业秘密的泄露，致使景泰蓝技术从此不再具有唯一性，日本同类产品从此可以与中国的景泰蓝产品进行竞争，给我国相关企业造成重大损失。[①]

商业秘密指重要的商业信息，包括专有技术（或技术秘密）和经营决策信息。景泰蓝专有技术的泄露是侵犯商业信息或侵犯商业秘密的一种形式，侵犯商业信息的另一种形式是对经营决策信息的侵犯。前段时间曝光的印度裔美国金融富豪罗杰通过获取大型公司企业经营决策信息提前购入或卖出股票牟利的行为（内幕交易），可以视为另一种形式的侵犯商业信

---

① 参见《中国九大泄密事件：内幕震惊国人》，江苏警官学院网站，2021年12月12日。

息或商业秘密。[①]如果说侵犯商业信息安全还只是给商业企业造成经济上的损失的话，那么，侵犯国家信息安全的后果可能就是血与火了。七七卢沟桥事变爆发后，1937年8月，国民政府军事委员会决定歼灭在长江游弋示威的日本军舰，在淞沪会战开战前给日本侵略者以迎头痛击。但是，这一重要的信息却被会议机要秘书黄某泄露给日本间谍，获知这一信息后，在长江游弋的日本军舰立即全速下行，高速驶出长江口，致使我军开战前全歼日本军舰的计划落空。这些逃出长江口的日本军舰，在其后发生的淞沪会战中，炮击我军陆军阵地，造成数以千计的抗日军人伤亡。[②]重要的国家信息就是国家秘密，泄露国家秘密是侵犯国家信息安全的极端情况，这种行为在任何时代任何国家都是犯罪行为。除了侵犯商业信息安全和侵犯国家信息安全之外，侵犯个人信息安全近年来也越发为社会所关注。

2021年3月3日下午，全国政协十三届四次会议举行新闻发布会，大会新闻发言人郭卫民向中外媒体介绍本次大会有关情况并回答记者提问。《南方都市报》记者提问称，过去一年，“刷脸”成为大多数人通行必不可少的步骤，但是也存在一些问题，一旦个人信息被过度采集也容易引发社会风险。在防止个人信息滥用方面，全国政协做了哪些工作？有何建议？郭卫民对此表示，个人信息安全问题是政协委员们十分关注的一个问题。随着大数据、人工智能、互联网新技术的广泛使用，隐私保护和个人信息安全问题也日益突出，也出现了一些个人信息被非法获取，出现泄露、滥用甚至于出现倒卖信息的现象，引发了人们的担忧。政协委员们认为，如何有效规范相关机构、规范互联网企业等依法依规采集、储存和使用个人信息，有效保护个人信息安全十分重要。郭卫民介绍，党和政府对个人信息安全和隐私保护问题十分重视，据我们了解，有关部门已经采取了一系列措施。中央网信办、工信部、公安部、市场监管总局等部门开展

① 参见《美国版〈无间道〉：整治印度裔财团，美国政府将印度裔精英一锅端》，《中国经营报》2021年9月6日。

② 雷献和：《剑啸浦江——淞沪会战纪实》，团结出版社1995年版。

了相关工作，包括制定相关国家标准规范，指导督促企业平台落实个人信息保护义务，开展了App违法违规收集使用个人信息的专项治理。[①]对公共安全视频监控、人脸识别等手段的使用加强管理。有关部门针对新冠肺炎疫情防控过程中个人信息收集问题印发了专门的文件进行规范，并督促检查。[②]

2021年8月21日，《个人信息安全保护法》颁布。这一法律的颁布，彰显了对公民权利的尊重及保护，是我国法治进步的重要标志。信息安全，包括个人信息安全、商业信息安全和国家信息安全，对任何国家而言都是非常重要的问题。无论哪种信息的安全，都应当受到法律的保护。不过，法律对信息安全的保护，也是有位阶的。不同信息的重要性不同，决定了不同信息的安全保护层级不同。也就是不同重要程度的信息的安全，要有不同位阶的法律来保护。以保护个人信息安全的法律为例，若按照法律强制性的大小来讲，最温和的显然是民事法律保护或民事制裁，比较严厉的应该是行政法律保护和行政制裁，最严厉的则是刑事法律保护和刑事制裁。[③]

商业信息安全的保护和个人信息安全的保护大致相同。根据其重要程度，分别由民事法律、行政法律和刑事法律按位阶逐层保护。特别重要的企业经营信息被界定为商业秘密。严重的侵犯商业信息行为被纳入刑事法领域，界定为侵犯商业秘密犯罪，由刑法进行制裁。

国家信息安全是最重要的信息安全，关乎国计民生，其重要性远高于个人信息安全和商业信息安全。不同于个人信息安全和商业信息安全的保

---

① 参见《政协发言人：对侵犯个人隐私和个人信息行为要严厉打击和惩处》，搜狐网。

② 参见《政协发言人：对侵犯个人隐私和个人信息安全行为要严厉打击和惩处》，界面新闻，2021年9月6日。

③《个人信息保护法》第69条规定："处理个人信息侵害个人信息权益造成损害，个人信息处理者不能证明自己没有过错的，应当承担损害赔偿等侵权责任。"第70条规定："个人信息处理者违反本法规定处理个人信息，侵害众多个人的权益的，人民检察院、法律规定的消费者组织和由国家网信部门确定的组织可以依法向人民法院提起诉讼。"第71条规定：" 违反本法规定，构成违反治安管理行为的，依法给予治安管理处罚；构成犯罪的，依法追究刑事责任。"

护以民事法律和行政法律为主，国家信息安全的保护以行政法律和刑事法律的保护为主。甚至可以说，刑事法律的保护是比行政法律保护更主要的法律保护手段。

就社会危害性而言，侵犯个人信息安全犯罪危害性相对较小，因此只有一个罪名进入了我国的刑法。侵犯商业信息安全犯罪的社会危害性更大一些，也有一个罪名进入了刑法。最后，侵犯国家信息安全的犯罪社会危害性最大，是刑法依法惩治的重点，因此涉及的罪名有5个。而且刑法专门将这些侵犯国家信息安全的犯罪中所侵犯的信息界定为“国家秘密”。

二、侵犯信息安全行为的界定

所有的侵犯个人信息安全或个人隐私的行为、侵犯商业信息安全或商业秘密的行为、侵犯国家信息安全或国家秘密的行为，都可以成为法律规制的对象吗？这个问题既是一个法律问题，又是一个伦理学问题，还是一个社会心理学问题。说它是一个法律问题，是因为侵犯上述信息安全或隐私秘密的行为，依严重程度为民法和行政法所分别调整，特别严重的侵犯个人信息安全或个人隐私行为，严重的侵犯商业信息安全或商业秘密行为，侵犯国家信息安全或国家秘密行为，被视为刑事犯罪，要受到刑事处罚。但是实际上，在有些情况下，侵犯上述信息安全或隐私秘密，并不被公众舆论或社会心理认为是一种违法犯罪行为，这就涉及伦理学问题和社会心理学问题。比如文艺明星的出轨行为，发布和传播这些个人隐私，涉嫌侵犯个人信息安全或个人隐私，在很多时候并不被公众舆论和社会心理认为是一种违法犯罪行为。明星的嫖娼事件、吸毒事件更是如此。而侵犯商业信息安全，在某些情况下也和前述侵犯明星个人信息安全一样，存在不被公众认为是违法犯罪的情况。比如，神户制钢数据造假案，对公司数据造假的揭露本质上也可以视为侵犯企业商业信息安全。但是显然社会公众不认为揭露这种商业秘密是一种违法犯罪行为，反倒是为公众仗义执言、是有社会责任感的表现。在侵犯国家信息安全问题上，也存在着这样有趣的现象。比如斯诺登泄露美国国家秘密，侵犯了美国国家信息安全，依照美国法律应当判处刑罚。但是由于他揭露的是美国政府对世界各国政要的非法监听行为，所以世界公共舆论并不认为他的行为是一种丑陋的犯罪行为，反倒认为他是一位维护人类正义的英雄。

那么为什么会出现这种公众舆论与法律规定相矛盾的情况呢？这就是一个伦理学和社会心理学问题了。一般认为，无论是公民个人的信息，还是企业的信息，或者是国家的信息，其信息安全都应当受到保护。任何侵犯上述信息安全的行为都应被视为违法或犯罪行为，轻则应负担民事赔偿，重则应受到行政处罚，最严重的情况还会受到刑事处罚可能被剥夺自由。但是也确实存在着例外的情况，就是发布传播某些特定主体的信息，并不被社会舆论和公众心理视为违法犯罪行为。比如说明星、政治家这样的公众人物，鉴于其特殊的身份，世界各国的社会舆论和公众心理，普遍认为有理由对其道德和个人生活进行监督，有理由要求其道德和个人生活符合社会伦理。因此，成为明星和政治家后，其个人隐私权的一部分就会被让渡。社会心理普遍认为他们必须严格遵守公众人物的道德伦理，且公众有权利了解和批评其违反公众人物伦理的不道德行为。这也就是为什么明星一旦被曝光吸毒、嫖娼或婚内出轨后，社会舆论和公众心理往往不对曝光者（侵犯他人信息安全者）持否定态度，反而对被曝光者持否定态度。在国外，政治家被曝光吸毒、嫖娼和婚内出轨这些道德问题，社会公众也一般不认为被曝光者的个人隐私或个人信息安全受到了侵犯，反而将曝光者作为吹哨人看待，而被曝光者会被公众舆论挞伐。侵犯企业的商业信息安全也存在这样的问题。一般社会心理往往推定企业应当遵纪守法，并为社会公众的福祉服务，即遵守企业伦理。一旦有人曝光企业违法乱纪的情况，或者企业工商业行为有害社会公众健康或利益，就会激起社会公众对企业违反企业伦理的愤怒心理。这种曝光和揭露行为，本质上和侵犯企业商业信息安全的行为并无区别，但并不会被公众舆论认为是违法犯罪行为，社会心理反倒对被揭露的企业持否定态度，往往会出现暴风雨般的舆论贬斥。

三、伦理学和社会心理学的违法性阻却对象——文体明星

那么，社会公众对待文艺体育明星和政治人物的态度是否有失偏颇呢？我们先来看文艺体育明星。无论是文艺明星还是体育明星，他们都有大量的粉丝和崇拜者，其数量往往超出人们的想象。因此，明星可以视为不折不扣的公众人物，而作为公众人物就有作为公众人物的伦理道德约束着他们，再著名的明星也概莫能外。在我国，文艺明星是拥有最多粉丝群体的公众人物；在欧美国家，体育明星则与文艺明星一样受到众多崇拜者的追捧。在美国，普通公众可能不知道副总统是谁，但一定会知道乔丹、科比和老虎伍兹。在英国，普通公众可能不在乎谁当首相，但一定会在乎贝克汉姆在英超联赛和欧冠杯的表现。这些明星的巨大影响堪比政治家，甚至就直接影响而言，欧美文体巨星要强于政治家。其原因在于粉丝或崇拜者的模仿效应，也就是文体明星的粉丝会自然不自然地模仿其偶像的言谈、衣着、举止和行为。明星之所以成为明星，在于其有强壮的体魄、高超的技巧，或者姣好的容颜、动人的歌喉，并不是因为其伦理或道德水平高于常人。但是一旦其成为明星，公众在潜意识里，就会把他们不仅当作文体翘楚，而且当作道德楷模，希望他们是道德上无可指摘的完人。此外，文体明星都有远远超过常人的巨额收入和万众瞩目的光环效应。他们的财富是普通人一生都无法企及的，他们的社会地位是普通人一生都无法达到的。因此，他们被视为成功者的代名词。和成功的政治家与商人的神秘低调不同，明星们的生活是高调和奢华的。公众对他们的生活更加熟悉，甚至津津乐道。他们生活中的点点滴滴，都会成为粉丝和一般公众茶余饭后的谈资。因此，就会有严格的针对社会公众人物的伦理道德来要求他们。如果明星达不到这种社会伦理的要求，就会引发社会公众的失望情

绪。比如，自然灾害发生时，明星的慈善捐款往往为公众所关注。不捐或诈捐的明星会为公众所鄙视、唾弃。而且公众一般会以明星的收入多少来衡量明星捐款的数量。如果一位明星收入颇丰，但捐款吝啬，那么他的道德评价就会低于和他同等咖位但捐款更多的明星，更会低于那些比他收入少但捐款更多的明星。公众舆论和社会心理往往还会有一种奇怪的期待或担忧——即希望一位篮球名将或歌坛巨星，能够在道德感和人生观上对青少年加以正确引导。这其实是一个很可笑的假设，即假设球星的道德感会随着其球技的提高而提高，或者假设歌星的道德感会随着其唱片销量的增加而增加。如果这些明星达不到公众舆论和社会心理对其想当然的伦理要求，某些公众就会担心这些明星会带坏他们的孩子，对青少年造成不良影响。比如摇滚巨星迈克尔·杰克逊在阳台上面对粉丝时将收养的幼童举到空中，使孩子有坠落的危险，美国公众舆论就对他进行了质疑和批评。电影明星赵某穿日本军旗装参加活动被曝光后，竟有市民上台对她泼粪。从近20年被曝光的明星伦理事件来看，社会舆论和公众心理所关注的主要是以下伦理问题：明星吸毒、明星嫖娼和明星出轨。其实，无论哪一种伦理问题，从法律上讲，都属于明星的个人隐私。发布和传播上述他人隐私，均构成对文体明星个人信息安全的侵犯。但是，公众舆论和社会心理往往对这种侵犯个人信息安全的行为不屑一顾，更专注于否定和挞伐明星的伦理问题，而不是发布者和传播者的伦理或法律问题。这是一种很有意思的社会心理和伦理评价。我们需要理解公众舆论和社会心理对明星这种公众人物在伦理道德上的严格要求，不论这种伦理标准的设定是不是不符合逻辑和人性，这就是实实在在的社会心理和对明星的伦理道德要求。

四、伦理学和社会心理学的违法性阻却对象——政治人物

在西方国家，人们的性观念相对东方国家开放，因而一般平民百姓（甚至包括对品行道德要求较高的职业如教师、医生等）发生一些“风流

韵事”往往被大众视为“个人隐私”而予以轻描淡写，然而作为官员，特别是那些经过民选的议员和上级任命的较高级别公职的人员，其“生活作风”就不再是单纯的私人问题了。要知道，政治对手的猛烈攻击，民意的迅速转向，严重的甚至还可能遭到法律制裁——所有这一切，都可能在一夜之间断送当事人的政治前途。[①]

在西方国家，政治家和文艺、体育明星一样都是公众人物，其在公众面前亮相的频率不亚于文艺明星和体育明星。西方国家的政治人物需要不断的演讲、竞选，以确保其获取和保持公共职务。所以，其日常行为有表演作秀的成分。社会公众希望他们选出的议员、市长能够代表其政治诉求和群体利益，同时是道德高尚的人，这就涉及政治家的伦理和社会群体心理。针对政治家的伦理道德标准和文体明星的伦理道德标准相似，都属于针对公众人物的伦理道德要求，但是肯定更加严格苛刻。这是因为，政治人物与文体明星不同，文体明星仅仅为大众提供娱乐，可能会成为广大粉丝，特别是青少年崇拜、模仿的对象，但对成年或老年民众而言，并不能成为他们信赖和钦佩的对象。政治人物则是严肃的公务人员或民选官员，其社会角色决定了他们具有较高的职业伦理和职业道德。特别是西方政治人物，其公开活动往往具有表演性质，一定会把自己标榜为正直、公正、善良、热心助人的国家英雄，以吸引公众选票。选民投票选举某人，不一定是因为其政治主张或施政方略，有时也与其伦理道德操守有关。比如，比尔·克林顿与老布什在竞选总统时人生经历被美国媒体扒了个干干净净：克林顿在越战时逃避兵役，个人生活不检点，而老布什是二战英雄，一直忠诚于家庭。很多选民因此对克林顿非常反感，并不理会其新经济政策可能会对自身产生帮助，而将选票投给了更符合公众人物伦理道德的老布什。而且，不管西方政客参政前如何特立独行，其参选公职、担任公职之后，必须遵守社会公众为其制定的习惯性伦理，否则就会为公众社

---

① 参见《外国如何对付官员性丑闻案》，国家监察委员会网站（中国纪检监察报），2021年12月23日。

会心理所排斥。非常有趣的一件事就是，克林顿的妻子希拉里一直是女权主义者，结婚后始终不按照欧美习惯改为夫姓。但是为了符合美国公众保守的社会心理，在克林顿参选美国总统时，一直以独立女性形象示人的希拉里，竟然放弃了自己的姓氏而改姓了夫姓。同时，克林顿为了竞选总统，否认了所有婚外情的指控。要知道，美国战后的历届总统在任职总统期间，全都不敢在婚外情这个问题上有所造次，以避免被政敌抓住把柄，激怒公众。可惜，克林顿不懂唐太宗说的以史为鉴，头脑发热违背政治传统，和白宫实习生莱温斯基发生了婚外情，造成了美国公众社会心理的普遍排斥和反感。克林顿为了安抚这种不利的社会心理，否认自己和莱温斯基的关系。在参议院作证时，还坚持否认做了伪证。谁知弄巧成拙，被证明确实与莱温斯基有不正当男女关系。这下可捅了马蜂窝，现任总统不但通奸，而且居然说谎，居然还是在参议院说谎作伪证，简直是双料坏蛋。这在美国历史上极为罕见。于是美国参议院居然提起了对克林顿的总统弹劾案，把经济成就斐然的克林顿总统弄得灰头土脸狼狈不堪，最后差点被赶下台。[①]

在亚洲的韩国，民众受传统东方文化影响，普遍要求官员们有良好的道德操守，而不能“混同于普通老百姓”，同时对官场“纯净度”的期盼值也很高，故对频发的官员卷入婚外情均持严厉的“零容忍”态度，至今仍

① 同是西方国家，对政要性丑闻的容忍度也有很“微妙”的差异。例如，在欧洲，那些传统上倾向于天主教信仰的国家往往比较宽容，而北欧诸国信仰新教，态度则偏向于保守。至于美国，由于国民在历史上一直倾向于将政治家对家庭的忠诚与对国家的忠诚混为一谈，问题往往就可能变得更为扑朔迷离。由此，对于政要的性丑闻，大西洋两岸的人士看法往往有异，某些时候甚至可能有戏剧性的天壤之别。1998年，正当克林顿被莱温斯基绯闻搞得名誉扫地、狼狈不堪时，欧洲却有20多名知名学者自费在报上刊登“声援广告”，标题竟然是：美国国会，请不要对克林顿实施性压迫！不同国家社会心理对政治家伦理道德要求的不同。文化传统和宗教对社会心理的影响和塑造，在不同国家有所差别，这也就造成了社会心理对公众人物伦理道德要求的差别。

不见松动。[1]在以色列，不论是民间还是政界，均对“色官”疾恶如仇，并表示了零容忍。以色列制定了最严厉的法律，试图用重典遏制此类有损国家形象和国家利益的丑剧的不断发生。新近出台的《以色列政府官员性道德法案》，规定对于任何级别的卷入性丑闻的政府公职人员，都将会采取开除公职、停发政府养老金甚至送进大牢等严酷的惩罚手段。在日本，“性丑闻”本身并不算什么大事，但作为政治人物，其道德和自我约束能力就会时刻被民众严格要求和监督。据权威调查机构益普索研究集团2020年的一项调查，在政要性丑闻的容忍度上，日本的容忍度仅为28%，在被调查的20个国家中是最低的，由此日本还被戏称为有“政治洁癖”[2]的国家。[3]

社会舆论和公众心理关注的政治家伦理事件和明星相似，主要是以下伦理问题：不正当男女关系、吸毒、嫖娼。鉴于受贿、滥用职权和玩忽职守属于犯罪行为，已不是伦理道德的调整范围，我们就不做讨论了。无论是吸毒、嫖娼和出轨哪一种伦理问题，从法律上讲，都属于政治人物的个人隐私。发布和传播上述他人隐私，均构成对政治人物个人信息安全的“侵犯”。但是，公众舆论和社会心理同样对这种侵犯个人信息安全的行为不屑一顾，更专注于否定和挞伐政治人物的伦理问题，而不是发布者和传播者的伦理或法律问题。

---

① 前不久，韩国军方对发生在2009年，崔益峰（当时为少将军衔、担任师长）涉嫌与一名下属部队女兵发生不正当关系的案子展开了调查，涉事女兵证实，她与崔益峰确实存在不正当关系，而且当时崔益峰利用了自己的将军身份对她在一定程度上作了胁迫。尽管女方属于“半推半就”，军方还是解除了将军的司令职务，甚至还计划开除其军籍。

② 在日本政坛，实际上“政客好色”已是“老生常谈”。而近些年来被卷入性丑闻下台的官员更是多如牛毛。据日本官方媒体报道，被爆料在国会议员宿舍“藏娇”的日本内阁官房副长官鸿池祥肇，又被《新潮周刊》拍到与有夫之妇大搞婚外情，甚至还用公务乘车证，带情妇到伊豆半岛温泉乡旅游。事发后他不得不以“健康不佳”为由，向首相请辞并获准。至于首相级的大腕，在战后50多年里，在这事上栽跟斗的可谓比比皆是。比较近的有前首相宇野宗佑：此君在1989年6月上台后不久，就被爆出与一名艺伎有染，此后的参院选举中便丧失掉了大部分议席，结果只好被迫引咎辞职，前后也只当了两个月的首相。前首相桥本龙太郎也曾因类似事件而名誉扫地。前首相森喜朗早在20岁学生时期的性丑闻也曾被媒体揪住不放。

③ 参见《外国如何对付官员性丑闻案》，国家监察委员会网站（中国纪检监察报），2021年12月23日。

五、伦理学和社会心理学的违法性阻却对象——工商企业

神户制钢所为日本第三大钢铁企业，在全球钢铁公司中排名第53位。作为世界500强企业之一，神户制钢所在日本享有盛誉。然而，2017年8月底被发现，位于栃木、三重、山口3县的3家铝工厂和位于神奈川县的铜制品子公司长期篡改部分铝、铜制品出厂数据，冒充达标产品流向市场。上述这些涉事工厂在产品出厂前就已发现某些方面不达标，却在产品检查证明书中修改强度和尺寸等数据。造假并非“一日之寒”，经调查发现，部分产品从10年前开始就一直沿用篡改后的数据，篡改数据也并非个别人所为，而是获得管理层默许，是公司整体性问题。另据日本媒体报道，造假铝制品波及约200家企业，以汽车厂商等为主，包括丰田、本田、马自达、三菱、日产和铃木在内的日本车企巨头。更令日本业界担心的是，这些问题产品甚至已流入日本国防领域。目前已有三菱重工、川崎重工、IHI株式会社、SUBARU（斯巴鲁）4家企业确认，其生产的国防用品也使用了神户制钢所的问题铝制品。

神户制钢所的故事并非个案。近来“日本制造”丑闻频出：日本汽车巨头日产在出厂检验环节中，大量使用无资质人员敷衍出厂检验手续；三菱和铃木篡改汽车燃油及经济性测试数据；日本汽车配件制造商高田公司(TAKATA) 因隐瞒安全气囊质量缺陷已于2017年6月申请破产。长期研究日本企业的上海对外经贸大学日本经济研究中心主任陈子雷表示，虽然日本制造名声在外，但生产管理漏洞，诸如篡改产品数据、生产日期等现象一直存在。“进入信息化时代，随着日本社会的变化，曝光这些问题也越来越容易。其实日企和其他企业并无二致，只是被光环和名誉所掩盖。”

工商企业的不光彩信息或秘密，也同样属于商业信息或秘密。获取、公开和传播这种商业信息或秘密，似乎也构成侵犯商业信息安全。工商企业同样需要遵守的企业伦理，社会群体心理同样不能容忍工商企业违反企业伦理的行为。如果工商企业拒不遵守企业伦理，做出损害公众安全、危

害公众健康的事情，即便属于工商企业的商业信息或商业秘密，公众也有权知悉。侵犯这种不光彩内容的商业信息，同样不被公众舆论和社会心理认为是违法犯罪行为。被曝光企业损害公众安全、危害公众健康的行为，违反了企业伦理，才是全社会需要口诛笔伐的。

六、犯罪学视角的阻却刑事违法性事由排除

犯罪学和刑法学看待犯罪的角度不同，从犯罪学的角度看，并不是所有的侵犯个人信息安全的行为和侵犯商业信息安全的行为都构成刑法意义上的犯罪。情节不够严重，达不到刑事追诉标准的，自然不构成刑法意义上的犯罪。就是那些能够达到刑事追诉标准的，侵犯个人信息安全的行为和侵犯商业信息安全的行为，也同样有可能不构成侵犯个人信息犯罪和侵犯商业信息犯罪。如果存在着阻却刑事违法性的情况，那么该行为就不能做构成犯罪的法律评价，或者说不必承担刑事责任，也就不必受刑事追诉和处罚。常见的阻却刑事违法性的情形，主要是正当防卫和紧急避险。就侵犯个人信息犯罪和侵犯商业信息犯罪而言，笔者认为，还有从伦理学和社会心理学角度依据特定主体产生的阻却刑事违法性的事由。

通过上文的分析，我们可以发现。侵犯个人信息安全行为，如果被侵犯个人隐私者自身存在违背特定伦理道德的情况，特别是文艺、体育明星或政治人物这些特定公众人物违反了公众人物需要遵守的伦理道德，那么此时揭露其违反特定伦理的个人隐私，从公众的社会心理角度看不被认为是违背伦理的行为，甚至不被认为是违反法律的行为，从阻却违法性的角度不能做侵犯个人信息安全的法律评价。侵犯商业信息安全的行为与之相似，如果被侵犯商业信息的企业自身存在违背企业伦理、危害公共安全和利益、威胁公众健康的行为，那么，揭露其违反企业伦理的行为，从公众的社会心理角度看不被认为是违背伦理的行为，甚至不被认为是违反法律的行为，从阻却违法性的角度不能做侵犯商业信息安全的法律评价。侵犯

国家信息安全的行为涉及国家秘密，有所不同。即便像斯诺登一样被世界公众舆论和社会心理认为并不违背伦理和法律，堪称吹哨人，也很难因此免除本国法律制裁。这就不是伦理学和社会心理学可以从违法犯罪界定的层面能够阻却和消解的。故此，本书不对侵犯国家信息安全的行为过多着墨。探讨侵犯个人信息安全和侵犯商业信息安全的法律责任，首要排除阻却违法性的情况。上文笔者所分析的被侵犯个人信息安全和被侵犯商业信息安全者自身存在违背社会伦理要求、违法犯罪、危害他人安全和利益、威胁公共安全和健康的情况，可以视为阻却违法性的情形。在上述情况下，侵犯特定主体违背伦理要求的特定信息，不应被视为侵犯个人信息安全行为或侵犯商业信息安全行为，也就至少不构成犯罪，至少不应受到刑事处罚。排除前述若干阻却违法性的情形之后，其他的侵犯个人信息安全和侵犯商业信息安全的情况，就应当承担法律责任，情节严重者还应当承担刑事责任。在下面两节，笔者就分别对侵犯个人信息安全和侵犯商业信息安全的行为，从刑事法角度进行专门分析。

第二节
侵犯个人信息安全的规制

2015年《刑法修正案（九）》第17条将2009年2月《刑法修正案（七）》第7条增设的“出售、非法提供公民个人信息罪”和“非法获取公民个人信息罪”两项罪名修订为“侵犯公民个人信息罪”。该罪名在我国《刑法》第253条之一第1款规定：“凡违反国家有关规定，向他人出售或者提供公民个人信息，情节严重的行为即构成侵犯公民个人信息罪”；第2—4款将“违反国家有关规定，将在履行职责或者提供服务过程中获得的公民个人信息，出售或者提供给他人”“窃取或者以其他方法非法获取公民个人信息的”以及“单位犯前三款罪”的处罚规则一一阐明。简言之，该罪一般指非法向他人出售或者提供公民个人信息，或者将在履行职责或者提供服务过程中获取的公民个人信息，非法出售或者提供给他人，以及采取不正当的手段获取公民个人信息，如窃取或者以其他方法非法获取公民个人信息，情节严重的行为。

一、我国立法中“个人信息”之认定标准

我国目前建立的信息法律保护体系中，对“公民个人信息”的保护起步最晚，为解决制裁对公民个人信息侵犯的违法犯罪行为的法律依据存在

较多的困惑和争议，可以说对公民个人信息而言，我国采取的法律保护几乎涵盖民事、行政、刑事法律等各部门法范畴。

（一）私法范畴：个人信息保护存在局限

私法的目的在于明晰权属。在私法领域，虽然民事立法的篇章结构上将肖像权、姓名权以及个人信息权和隐私权并列而稍显逻辑上的种属关系混乱，但是个人信息权作为一项新型民事权利被大部分学者认为是具体人格权且在民法典中有详细的界定[①]，同时并未回避该权利“客体具有丰富性”“不宜为其他权利所概括”，[②]由此彰显了个人信息在信息时代的独立价值。

然而，基于“可识别性”的特征，《民法典》中对于私密信息与非私密信息分别在第1033条和1035条作出了不同程度的保护。其一，对于私密信息，必须经过“权利人明确同意”，这也不难反映出隐私权天然的对世效力；其二，对于一般的个人信息，原则上只需要征得“该自然人或者监护人同意”。可以看出，“同意”主体的范围的区别以及“明确同意”与“同意”的表达方式具有差异。虽然立法认为个人信息的重要意义略有不同，但是私法法益观普遍认为个人信息为个人私有，从而个体对其拥有私法上的以同意权为核心的一般信息自决权乃至对于私密信息的排他性自决权。坦言之，这样的信息同意权往往在现实中会沦为“纸面上的权利”。具体而言，在权利的开端，同意权极易被虚化为无须阅读具体内容的“流程式”点击；在权利的末尾，用户的损害赔偿难以有效收集证据；在权利的维护上，站在维权第一线的都是监管机构，而不是权利人。[③]

---

①《民法典》第1034条第2款的规定“以电子或者其他方式记录的能够单独或者与其他信息结合识别特定自然人的各种信息，包括自然人的姓名、出生日期、身份证件号码、生物识别信息、住址、电话号码、电子邮箱、健康信息、行踪信息等”。

② 参见王利明：《论个人信息权在人格权法中的地位》，《苏州大学学报》（哲学社会科学版）2012年第6期。

③ 参见张新宝：《我国个人信息保护法立法主要矛盾研讨》，《吉林大学社会科学学报》2018年第5期。

这种私法法益观具有的不足在于无法认识到个人信息的“识别性”并不意味着个人信息属于该个体所有，其主要是为防止通过对信息的挖掘而识别个体；“同意”也主要是让个体评估自身是否主观自愿接受信息处理的潜在风险。因而“识别性”和“同意”都是在规避风险源的意义上使用的。[①]

（二）公法范畴：个人信息保护的国家义务

公法的目的在于规制风险。2012年全国人大常委会通过的《关于加强网络信息保护的决定》（以下简称《决定》）是首次对个人网络信息保护进行的框架性专门立法。该决定开宗明义地指出，“国家保护能够识别公民个人身份和涉及公民个人隐私的电子信息”。不难发现，“识别性”和“隐私性”系个人信息最初的基本特性，有关法律对此予以并列。2013年，最高人民法院、最高人民检察院以及公安部发布的《关于依法惩处侵害公民个人信息犯罪活动的通知》（以下简称《通知》）中仅进一步列举式说明了个人信息的外延，对概念本质的判断与《决定》中高度一致。

从宪法角度来看，我国《宪法》第33条明确规定“国家尊重和保障人权”，第38条规定了“中华人民共和国公民的人格尊严不受侵犯”。我国根本大法中“人格尊严”可以扩张解释为类似于德国宪法中的人格权，从而为宪法上的个人信息权提供基础。[②]

从行政法角度看，2016年《网络安全法》首次将个人信息的“可识别性”作为唯一法律标准，包括“能够单独识别”和“与其他信息结合识别”。[③]

---

① 参见欧阳本祺：《侵犯公民个人信息罪的法益重构：从私法权利回归公法权利》，《比较法研究》2021年第3期。

② 参见赵宏：《信息自决权在我国的保护现状及其立法趋势前瞻》，《中国法律评论》2017年第1期。

③ 我国《网络安全法》第76条第5项规定“个人信息，是指以电子或者其他方式记录的能够单独或者与其他信息结合识别自然人个人身份的各种信息，包括但不限于自然人的姓名、出生日期、身份证件号码、个人生物识别信息、住址、电话号码等”。

从刑法角度看，2017年颁布并施行的《最高人民法院　最高人民检察院关于办理侵犯公民个人信息刑事案件适用法律若干问题的解释》（以下简称《解释》）基于实践的归纳和经验积累对“公民个人信息”在事实层面进行的基本定位①，由于《解释》中“账号密码、财产状况、行踪轨迹”等内容明显指向个人信息背后的财产和人身安全，突破了个人信息“可识别性”在《网络安全法》的特征范围。因此，《解释》以扩大“公民个人信息”外延的方式最大限度地对公民个人信息进行保护。②

从目前看，2021年8月20日最新通过的《个人信息保护法》进一步明确个人信息是“以电子或者其他方式记录的与已识别或者可识别的自然人有关的各种信息，不包括匿名化处理后的信息”。立法进一步从顶层设计层面考虑了个人信息的法律定位，为法律保护体系的建设奠定了基础。正如有学者指出，《个人信息保护法》保护的客体是数据控制者以自动方式处理的个人信息而非所有个人信息。而界定个人信息是否具有被保护的“可期待性”之关键在于数据控制者与处理活动这两个要件。③

概括而言，一般意义上的个人信息应当兼具以下两个特征：（1）真实性。只有真实的个人信息才可以让侵犯个人信息的犯罪实际侵害到个人法益以及信息安全管理秩序。特别应当注意侵权者为牟取非法利益而自己“虚构”出的个人信息不是法律保护的对象，而真实存在的个人信息即便被“假冒”也是应当受到保护的。（2）识别性。个人信息往往需要以数据、符号、文字等为载体或媒介进行表达，而信息就是通过各种表达反映出个体的特定性与对个体合法权利形成的潜在影响。或者说，即便无法认

---

①《最高人民法院　最高人民检察院关于办理侵犯公民个人信息刑事案件适用法律若干问题的解释》第1条规定“刑法第二百五十三条之一规定的‘公民个人信息’，指以电子或者其他方式记录的能够单独或者与其他信息结合识别特定自然人身份或者反映特定自然人活动情况的各种信息，包括姓名、身份证件号码、通信通讯联系方式、住址、账号密码、财产状况、行踪轨迹等”。

② 参见于冲：《侵犯公民个人信息罪中“公民个人信息”的法益属性与入罪边界》，《政治与法律》2018年第4期。

③ 参见周汉华：《个人信息保护的法律定位》，《法商研究》2020年第3期。

定信息持有者的特定身份，但是凭借该信息可以确定特定人并影响其合法权利，应当认为符合个人信息的识别性。

我国立法以及司法解释一直试图对个人信息的概念进行厘清，往往采用“概括+列举”的方式辅之“等信息”的规定尽可能全面、稳定地将实践中可能存在的新问题囊括。从文字表述上，由于部门法规范目的不同，刑法及相关司法解释中个人信息的外延与民法典以及个人信息保护法略有差异，保护侧重点也有所不同。虽然“个人信息”的外延在刑法上的认识与其他部门法之间存在细微差别，但基于法秩序统一性的原则，在民法、刑法等各部门法中对此概念的认识应当保持相对一致。必须承认的是，数据平台和国家机关拥有强大的“数据权力”，私法保护路径下很难为个人信息提供全面、充分而有效的保护，通过强调国家保护义务的价值基础与立法依据，更有利于个人信息保护目标的真正实现，特别是刑法作为“最后手段”和“二次性法”，必须为民事权利的实现提供最为有力的保障。①

二、侵犯公民个人信息罪的法益判断

（一）刑法保护的“个人信息”

对于“个人信息”而言，立法和司法解释虽然不断从事实层面规范其内涵和外延，但是就刑法上的权利属性而言，多年来依旧存在一定争议。从学理上理解“个人信息”的权利属性，这是认定该罪所保护法益之性质以及有效实现法秩序统一性的基础和前提。多年来，国内外学者对于公民“个人信息”之权利性质的定位大体包括“财产权说”“隐私权说”以及近年来学者将其界定为新型权利的“个人信息权”。

持“财产权说”的学者认为个人信息作为一种具有财产属性的特殊存在，强调个体对作为财产权益的个人信息的占有、使用、收益、处分之权

① 参见周光权：《侵犯公民个人信息与妥当的刑罚处罚》，《检察日报》2020年第3期。

利。[①]该观点提出的时间早于刑法规定“侵犯公民个人信息罪”之前，因而无法彰显个人信息全部内涵，不符合我国刑法关于该罪的立法性质定位。持“隐私权说”的学者一般认为侵犯公民个人信息罪保护的是个人信息体现的隐私权，只有属于个人隐私部分的个人信息才属于刑法保护对象。[②]其中，有学者提出的“公民个人生活安宁说”[③]以及“公民人格尊严与自由说”[④]从本质上来讲都是违背他人意志非法获取隐私，因此依旧是“隐私权说”。持“个人信息权”观点的学者近年来占多数。在权利性质上，该权利兼具人格权和财产权之特点，以个体自身信息为权利客体，内容包括积极使用并许可他人使用的权利和消极防御他人侵害的权利。[⑤]也有学者认为它实质上是一项含有隐私权内容但又超越隐私权的权利，兼有物质性权利、精神性权利的部分内容以及部分公民自由权利的综合权利。若以之作为侵犯公民个人信息罪的保护法益，不仅适应了网络科技时代公民信息权利保障之诉求，更能体现对公民个人信息的全面保护。在个人信息与个人隐私的关系上，我国的法律文件，如《网络安全法》等基本明确个人隐私信息包含于个人信息的范畴之内，而个人空间和活动的隐私、个人活动隐私，除非影响他人人身、财产安全，否则超出个人信息范围。也就是说，两者属于交叉关系。因此，由于个人信息涵盖了隐私权的部分内容，当侵犯公民个人信息时，无疑侵犯了公民基于自由权利免受外界干扰的独处的隐私权利；同时，也侵犯了公民合理使用自己信息获取经济利益或者其他利益的权利，并侵犯了公民自由决定自己信息如何使用等权利。[⑥]

---

① 参见汤擎:《试论个人数据与相关的法律关系》,《华东政法学院学报》2000年第5期。

② 参见蔡军:《侵犯个人信息犯罪立法的理性分析——兼论对该罪立法的反思与展望》,《现代法学》2010年第4期。

③ 参见胡胜:《侵犯公民个人信息罪的犯罪对象》,《人民司法》2015年第7期。

④ 参见高富平、王文祥:《出售或提供公民个人信息入罪的边界——以侵犯公民个人信息罪所保护的法益为视角》,《政治与法律》2017年第2期。

⑤ 参见于志刚:《“公民个人信息”的权利属性与刑法保护思路》,《浙江社会科学》2017年第10期。

⑥ 参见刘艳红:《侵犯公民个人信息罪法益:个人法益及新型权利之确证——以〈个人信息保护法（草案）〉为视角之分析》,《中国刑事法杂志》2019年第5期。

简言之，刑法保护个人信息的目的，在于保护与信息相联系的现实世界中应受保护的法益，而不是保护信息的载体价值。[①]这里的受保护法益形态可能涉及直接受到侵犯的个人信息，也可能是群体形态的大量数据中的个人信息。当然，最重要的在于不同表现形式背后体现的个人人身或者财产性价值。我们认为刑法中侵犯个人信息罪的保护的“个人信息”之法律属性应为个人信息权，该权利无法简单理解为公民的隐私权、财产权或者宏观意义上的人格权，它是一种综合性权利。

（二）刑法保护的法益性质厘定

侵犯公民个人信息罪的法益之争，充分表明本罪是极为少见的在侵害法益方面意见分歧巨大的犯罪。[②]学界对于侵犯公民个人信息罪所保护的是个人法益抑或是超个人法益讨论良久。其中，个人法益观认为本罪保护的法益是公民个人信息权，超个人法益观认为本罪的保护法益是社会公共法益或者国家法益。明晰该问题关乎此罪构成要件之解释机能的有效发挥，直接影响到本罪构成要件符合性和违法性的判断，进而决定了本罪犯罪圈的大小，是预防打击扩大化并实现刑法谦抑性的必然要求。

首先，根据前文所述犯罪性质，根据该罪在刑法中章节地位看，由于其在刑法分则中位于第四章的“侵犯公民人身权利、民主权利罪”，从体系解释的角度分析，刑法第253条还规定了“私自开拆、隐匿、毁弃邮件、电报罪”，主要保护公民的个人法益，而本罪作为刑法第253条的一部分，其保护法益相协调。特别是本罪作为自然犯即便在该条文中有“违反国家有关规定”之表述而体现出该罪维护个人信息保护法等信息领域行政管理秩序之要素，但其保护法益的核心依旧是根本上关乎社会伦理道德规范的

① 参见皮勇、王肃之：《智慧社会环境下个人信息的刑法保护》，人民出版社2018年版，第96页。

② 参见刘艳红：《民法编纂背景下侵犯公民个人信息罪的保护法益：信息自决权——以刑民一体化及〈民法总则〉第111条为视角》，《浙江工商大学学报》2019年第6期。

个人权利，而非涉及特别性的社会损害的公共利益。其次，2017年《解释》也表明侵犯公民个人信息罪成立的关键在于"是否未经或者违背了被收集者的同意"[①]。也就是说，被收集者个人合法授权或在其主观意愿承诺的情形下，收集的信息可以被认为至少存在被害人同意的情形，这导致收集行为不具备刑事违法性。从该角度看，此罪主要保护法益是公民个人法益，而国家对个人信息的管理秩序系本罪的次要保护法益。最后，2017年《解释》中对个人信息作出敏感信息、重要信息以及一般信息的基本分类[②]可以看出，对不同信息等级类型的划分从而确定量刑，其直接指向的就是公民个人的隐私、信息安全以及人身、财产安全。由于这种分类方式过于细致可能产生不同法院认定时的差异造成罪责失衡，《个人信息保护法》中将个人信息分为敏感信息和一般信息两种。无论哪种分类方式，都必须承认该罪的保护法益属于个人。

三、侵犯公民个人信息罪的客观行为认定标准

根据我国《刑法》第253条之一的规定，侵犯公民个人信息罪的客观方面具体表现为两种行为方式：其一，行为人违反国家有关规定，向他人出售或者提供公民个人信息的行为；其二，窃取或者以其他方法非法获取公民个人信息的行为。下面我们就具体行为构成进行分析。

（一）"违反国家有关规定"判断

传统上，"违反国家有关规定"属于行为违反行政管理法规的情形，是法定犯罪行为规范的常用表达，而本罪的本质是具有规范行政管理秩序

---

① 《解释》第3条第2款规定，"未经被收集者同意，将合法收集的公民个人信息向他人提供的，属于刑法第253条之一规定的'提供公民个人信息'"。

② 根据2017年《解释》中第5条规定，行踪轨迹信息、通信内容、征信信息、财产信息属于敏感信息；住宿信息、通信记录、健康生理信息、交易信息等其他可能影响人身、财产安全的公民个人信息属于重要信息；除此之外其他信息则属于一般信息。

目的的自然犯。根据最新的《个人信息保护法》个人信息处理规则，可以直接认定侵犯公民个人信息的违法性，与该表述有了良性的衔接和互动。

具体而言，根据我国《刑法》第253条之一的规定，“违反国家有关规定”在“向他人出售或者提供公民个人信息的行为”之情形中，系构成犯罪行为的必备构成要件要素。由于刑法没有界定具体哪些情形属于“违反国家有关规定”，因而作为空白罪状的内容只有结合刑法以外的规定才能确定其内涵。这使得在判断该罪该情形的犯罪构成和犯罪特征时除了对刑法与之相关的规定本身进行具体的考察，还需要结合除刑法外的其他法律法规综合判断，这也是空白罪状的表现形式给该罪该情形的认定带来的一定复杂性。

首先，《解释》第2条虽然基于惩治犯罪与便利司法适用的现实需要将“违反国家有关规定”表述为“违反法律、行政法规、部门规章有关公民个人信息保护的规定的，应当认定为《刑法》第253条之一规定的”。但实际上该表述并不符合罪刑法定原则的基本要求，因为“罪刑法定”之“法定”不仅指遵从具体法律条文规定，而且要求刑法分则不应违背刑法总则的一般性规定，所以“违反国家有关规定”应当受到刑法总则的指导和约束。而根据《刑法》第96条对于“违反国家规定”的阐述，“部门规章”并未在法条规定的范围，因而不应包括于刑法的范畴内的“国家规定”之中，但是《解释》第2条却将其与法律、行政法规等同视之。由于我国在法律、行政法规以及部门规章外，存在的地方性法规、自治条例、政府规章等规范并未按法定权限和程序对其规定，司法实践中很难对该司法解释的合理性进一步自圆其说。虽然理论上存在一定不合理之处，但废除该《解释》中的规定又会给法律适用带来不便，我们需要对“违反国家有关规定”进一步限缩解释。

由此，必须明确的是，“违反国家有关规定”应当是“违反国家规定”的下位概念。在理解时，我们应当将本罪中“违反国家有关规定”的范围限于我国《刑法》第96条[①]之规定，不应将其扩大解释为部门规章在内的其他规定，而“有关”仅仅是对“国家规定”的限定。由于我国刑法保护公民个人信息的法律法规不健全造成该法第253条之一中使用了“违反国家有关规定”的模糊表述，该条件的核心要义实质上仍然应当是关于公民个人信息保护的“国家规定”。之所以对“部门规章”作出这样的限定，理由在于：法律适用的关键在于真正想达到和应该达到什么目的而非绝对服从于文字，对法律可能是错误或有漏洞的情形，法律适用者应当“通过解释来纠正这些缺陷”[②]。因此，在理解《解释》第2条内容时，我们应当将“违反国家有关规定”仅限于“违反法律、行政法规关于公民个人信息保护的规定”，部门规章只有在对法律、行政法规中规定予以明确、细化情况下，才能与法律、行政法规共同作为判断行为是否“违反国家有关规定”的标准。[③]

其次，目前我国最新发布的《个人信息保护法》将敏感个人信息处理规则、国家机关处理个人信息特别规定、公民个人在处理个人信息中的权利以及个人信息处理者的义务等内容规定得较为完备，作为前置法为刑法中个人信息违法性判断提供了坚实的基础和依据，也结束了我国个人保护散见于《居民身份证法》《护照法》《档案法》《消费者权益保护法》等一系列法律、法规和规章中的尴尬局面。另外，《网络安全法》虽然并非重点保护公民个人法益，但第4章“网络信息安全”中对公民个人信息处理规则进行了禁止性明文规定，也为“违反国家有关规定”提供了认定依据。因此，我国公民个人信息民事、行政、刑事全方位保护体系正在加速形成。

---

① 根据《中华人民共和国刑法》第96条之规定，本法所称违反国家规定，指违反全国人民代表大会及其常务委员会制定的法律和决定，国务院制定的行政法规、规定的行政措施、发布的决定和命令。

②［德］魏德士：《法理学》，吴越、丁晓春译，法律出版社2005年版，第310页。

③ 参见胡江：《侵犯公民个人信息罪中“违反国家有关规定”的限缩解释——兼对侵犯个人信息刑事案件法律适用司法解释第2条之质疑》，《政治与法律》2017年第11期。

（二）“向他人出售或提供”公民个人信息行为认定标准

关于非法泄露公民个人信息这一具体行为之问题，我们应当着重把握对“出售”与“提供”公民个人信息这两个行为的认定。

反观“出售”公民个人信息之行为，全国人大法工委将其解释为，将自己掌握的公民信息卖给他人，自己从中牟利的行为。司法实践中该危害行为较为常见，在判断时，首先明确刑法中“出售”的违法性判断在于行为对象，即一般都是很难以正常市场交易价格衡量并且无法以正常市场秩序下流通对价进行交易的违禁品或禁止流通的物品，这种标的物本身涉及个人权益或者社会公共利益、国家安全等特殊利益，值得刑法保护，如假币、文物、非法制造的发票等。个人信息正因为承载着公民个人人身、财产权益以及背后的个人尊严等基本人权才明确以禁止性规范“违法国家相关规定”为判断相关出售行为具有非法目的的依据，惩治严重危害个人尊严和自由的行为。

无论是利用职务便利将掌握的个人信息出售，抑或是利用业务便利获取个人信息并出售，我们应当意识到出售行为往往具有获取个人信息的行为。例如，2017年，黄某聪、魏某飞将从他人处非法获取的大量苹果手机用户信息（机主姓名、苹果ID、手机号码等）发送给下家用于解锁，并将解锁成功与否的信息向上家反馈，以此赚取费用。公安人员从二人电脑中共提取涉案信息1273条。广州市越秀区人民检察院认为两名被告人构成侵犯公民个人信息罪，向广州市越秀区人民法院提起公诉。法院认为，苹果ID及解锁信息属于足以影响他人财产安全的信息，应适用《解释》第一条第一款第（四）项的规定，500条以上即构成犯罪。二人长期大量倒卖上述信息给他人解锁，超过定罪标准，构成侵犯公民个人信息罪。[①]不难发现，该罪中嫌疑人虽然作为“中介”沟通上家与下家，看似没有直接出售行为，但存在获取

---

① “黄某聪等侵犯公民个人信息案”属于广东高院发布2017年度涉互联网十大案例之一，2021年8月20日。

报酬的主观意愿，司法实务中对于“出售”公民个人信息的判断标准也在于提供具有识别特定身份的个人信息的行为并具有获取非法报酬的主观目的，而最终的出售行为往往需要伴随着前期获取行为，是连续犯的典型特征。

在“提供”公民个人信息问题上，该行为与“出售”的显著区别在于不具有牟利性。《解释》第3条明确了两种情形，[①]这两种情形应当认定为《刑法》第253条之一规定的“提供公民个人信息”。该规定第一种情形将“提供”个人信息的行为对象明确为“特定人”和“不特定多数人”，从而直接回应了《刑法》253条之一的“向他人出售或者提供个人信息”中“他人”是否包括不特定多数人的争议，这也符合社会一般人的理解和认知。第二种情形明确了收集个人信息的“告知—同意”原则，该原则在《个人信息保护法》第12—18条进行了具体规则的设定。即便如此，我们必须要注意辨别信息主体同意的有效性以及合法利用个人信息的事由边界。

在具体理解“提供”这一行为时，虽然现行立法规定不禁止个人信息的合法流动，在符合法律、行政法规等相关规定并经过被收集者同意之情形下将公民个人信息提供给他人的行为不构成犯罪。但是目前可以直接依据《个人信息保护法》对于个人信息处理者的权利约束，特别对于生物识别、宗教信仰、特定身份、医疗健康、金融账户、行踪轨迹和不满14周岁未成年人的个人信息等敏感个人信息，由于极易侵犯个人的人格尊严以及人身、财产安全，只有在具有特定的目的和充分的必要性并同时采取严格保护措施情形下，个人信息处理者才有可能在个人同意情况下享有处理权。不可否认的是，互联网上很多要求消费者同意的用户隐私协议往往内容过多，很难被部分消费者在有限时间内理解，但是个人信息处理者应当

① 其一，向特定人提供公民个人信息，以及通过信息网络或者其他途径发布公民个人信息的；其二，未经被收集者同意，将合法收集的公民个人信息向他人提供的，但是经过处理无法识别特定个人且不能复原的除外。

明确对于用户个人信息的保护是法定义务，应当自觉采取有效措施[①]确保个人信息的处理符合法律、行政法规的规定，防止未经授权访问以及个人信息的泄露篡改或者丢失。

（三）“窃取或以其他方法非法获取公民个人信息”行为之认定标准

对于非法获取公民个人信息之行为，立法上虽然并未明确规定违反“国家有关规定”这一要件，但是在理解“非法”行为的内涵时，要通过体系解释将其社会危害程度与“出售”或“提供”公民个人信息的行为保持一致，同时也要与“窃取”该列举式的非法行为相协调。依据《解释》第4条之规定，具体而言，第一，“窃取”行为应当是以非法占有为目的，获取他人个人信息。全国人大法工委将其解释为秘密的方法或者不为人知的方法获取行为。当然，无论危害行为的表现形式如何，其本质都应当体现为非法占有目的和平和手段占有他人个人信息。需要注意的有：其一，由于行为人往往通过侵入计算机信息系统的行为窃取个人信息，要区分好本罪与《刑法》第285条非法侵入计算机信息系统罪、[②]第286条破坏计算机信息系统罪[③]的罪数问题。其二，窃取公民个人信息之行为不一定采用侵犯计

① 我国《个人信息保护法》第51条规定，个人信息处理者应当根据个人信息的处理目的、处理方式、个人信息的种类以及对个人权益的影响、可能存在的安全风险，采取如下措施保护个人信息：（一）制定内部管理制度和操作规程；（二）对个人信息实行分类管理；（三）采取相应的加密、去标识化等安全技术措施；（四）合理确定个人信息处理的操作权限，并定期对从业人员进行安全教育和培训；（五）制定并组织实施个人信息安全事件应急预案；（六）法律、行政法规规定的其他措施。

② 非法获取公民个人信息的行为往往伴随着非法侵入计算机信息系统的行为，但是根据我国《刑法》285条之规定，只有侵入国家事务、国防建设、尖端科学技术领域的计算机系统，才有可能构成非法侵入计算机信息系统罪。实践中侵犯公民个人信息的行为往往不会构成该罪。

③ 根据我国《刑法》第286条之规定，违反国家规定，对计算机信息系统功能进行删除、修改、增加、干扰，造成计算机信息系统不能正常运行，后果严重的，处五年以下有期徒刑或者拘役；后果特别严重的，处五年以上有期徒刑。该罪需要构成“后果严重”的结果，所以一行为构成数罪的情形，要注意破坏计算机系统的具体行为是否过程是否构成后果严重；如果不构成，不单独作为犯罪评价。

算机信息系统安全的方式。比如，行为人利用职务之便从公司数据库导出个人信息并进行牟利。[①]这种行为直接表现为在履行职责过程中直接收集公民个人信息，从外观上看虽然不属于以非法方式获取个人信息却是利用职责便利实施的盗窃行为。其三，以非法方式获取的个人信息不一定是大量个人信息，也可能是少量关键信息。判断情节严重的问题后文展开论述。其四，该罪的非法获取个人信息之客观行为可能同时存在窃取、出售等数行为，只有我们在对涉案行为定性时分别判断，定罪时应当注意按照一罪而非数罪定罪处罚。第二，“以其他方法非法获取公民个人信息”之行为看似属于抽象概括，但性质、危害程度应当与“窃取”具有相当性。根据《解释》第四条中明确列举的行为方式[②]可以看出，此类行为侧重规范有偿、无偿或者以各种交换行为非法接受来自外部给予的个人信息。全国人大法工委将其阐述为“本款规定的非法获取公民个人信息的行为，只要达到情节严重，就构成非法获取公民个人信息罪”。

（四）“情节严重”与“情节特别严重”之判断依据

《刑法》第253条之一明确规定“情节严重”是构成侵犯公民个人信息罪必须具备的构成要件，同时设定了“情节严重”和“情节特别严重”两档法定刑，并确立了特定情形的从重处罚的原则。为统一司法实践中的适用标准以及预防“同罪不同罚”的问题，《解释》中根据主体身份、信息类型和数量、信息用途、违法所得数额、违法犯罪次数和时间等情况，对“情节严重”进行了较为全面、具体的评价规则，确定了统一的适用标准并具有相当的合理性和可操作性。[③]我们就司法实践中出现比较多争议的问

---

① 重庆市第二中级人民法院（2015）渝二中法刑终字第246号。

② 根据该《解释》第4条之规定，以购买、收受、交换等方式获取公民个人信息，或者在履行职责、提供服务过程中收集公民个人信息，属于《刑法》第253条之一第三款规定的“以其他方法非法获取公民个人信息”。

③ 参见刘宪权、房慧颖：《侵犯公民个人信息罪定罪量刑标准再析》，《华东政法大学学报》2017年第6期。

题进行讨论。

就“情节严重”而言，其一，就违法所得问题而言，具体案件中对“违法所得”与“获利”的认定存在较大争议。由于非法出售、提供公民个人信息往往具有牟利意图，《解释》第5条明确违法所得5千元以上的构成“情节严重”，违法所得5万元以上的构成“情节特别严重”。此外，《解释》第6条对于“情节严重”的具体情形及其判断标准进行了规定。[①]需要区分的关键是，“违法所得”是由违法犯罪活动获取的不为法律所支持和保护的利益，因此不应当扣除犯罪行为发生时的成本；而“获利”行为由于针对合法经营活动从而社会危害性较小，基于刑法宽严相济的原则应当扣除成本。其二，就侵犯公民个人信息数量认定而言，《解释》第11条明确侵犯公民个人信息的数量计算规则，特别是第3款批量公民个人信息的数量认定规则对于司法实务操作提供了很大的便利。例如，苏州市某区的涉嫌侵犯公民个人信息犯罪案件中，法官审理时认为，公民个人信息系被告人沈某以批量的方式提供给他人，现无证据证明信息不真实或者重复，理应根据查获的数量直接认定。[②]但是，为确保定罪量刑准确，敏感个人信息在判定时原则上应当逐一认定其数量。究其原因，首先，因为一般公民个人敏感信息价格通常较高，通常按条计价，逐条认定不存在难题；其次，涉及敏感信息的案件由于与公民人身安全、财产安全等最重要的权益密切相关，也是最容易被犯罪分子利用进行诈骗、敲诈勒索等犯罪的信息，入罪标准较低，50条或者500条即达到入罪标准。[③]

就“情节特别严重”而言，《解释》第5条规定了四种情形。[④]司法实践

---

① 针对为合法经营活动购买、收受公民个人信息的情形，专门规定利用非法购买、收受的公民个人信息获利5万元以上的，构成“情节严重”。

② 江苏省苏州市吴江区人民法院（2020）苏0509刑初1666号。

③ 参见喻海松：《侵犯公民个人信息罪的司法适用态势与争议焦点探析》，《法律适用》2018年第7期。

④ 具体而言，包括“造成被害人死亡、重伤、精神失常或者被绑架等严重后果的”“造成重大经济损失或者恶劣社会影响的”“数量或者数额达到前款第三项至第八项规定标准十倍以上的”以及“其他情节特别严重”这四种情形。

中，这些情形反映的人身危险性、经济要素以及恶劣社会影响等可自由裁量的违法构成要素需要真正反映法益侵害程度的客观事实。在评价具体情节时，我们应当如何客观、较为一致地认定“恶劣社会影响”这一社会后果，值得进一步思考。

第三节
侵犯商业信息安全的规制

一、本罪概述

（一）侵犯商业秘密罪的立法起源

1997 年制定的《中华人民共和国刑法》（以下简称1997年《刑法》）修订后新增设了“侵犯商业秘密罪”。在1997年修订《刑法》之前，侵犯商业秘密罪并未在我国刑法中予以规定，这是由于改革开放以来，市场经济的思维模式还在逐步摸索建立的过程中，对于商业活动中出现的知识产权相关概念缺乏基本认识，对商业秘密理解就更缺少了赖以存在的概念基础。

在我国，“商业秘密”这一法律术语第一次出现是在1991年的《民事诉讼法》[①]中，但这规定只涉及商业秘密证据规则以及商业秘密案件审理的诉讼流程规定，并未真正明确商业秘密这一概念的法律内涵及规则。直到1993年9月2日，第八届全国人大常委会第三次会议通过的《反不正当竞争

① 1991年《民事诉讼法》第六十六条规定：“证据应当在法庭上出示，并由当事人互相质证。对涉及国家秘密、商业秘密和个人隐私的证据应当保密，需要在法庭出示的，不得在公开开庭时出示。”第一百二十条规定：“人民法院审理民事案件，除涉及国家秘密、个人隐私或者法律另有规定的以外，应当公开进行。离婚案件，涉及商业秘密的案件，当事人申请不公开审理的，可以不公开审理。”

法》[①]才对商业秘密的含义、违反商业秘密的行为及法律责任首次作出系统规定，这也基本建立了对商业秘密概念定义的雏形。1995年11月23日，国家工商总局发布的《关于禁止侵犯商业秘密行为的若干规定》[②]对商业秘密的内涵和外延以及侵犯商业秘密的行为作出了更为完整的解释。

企业的商业秘密背后潜藏着巨大的商业价值，有些企业为了获取短期可见收益，在不劳而获的心态驱使下采取盗窃、利诱、胁迫等不正当手段，非法获取竞争企业的商业秘密，给相关正常经营企业造成重大损失。同时，这种行为也严重违反市场公平竞争原则，造成有些企业不靠正常合法经营，一心只想靠侵犯他人商业秘密的方法获得非法利润，扰乱市场基本秩序。有的企业丢失商业秘密导致效益锐减，企业不得不采取经济性裁员措施，导致员工下岗失业影响地方社会稳定。侵犯商业秘密行为的社会危害性逐步凸显，并且仅仅依靠民事、行政手段对侵犯商业秘密行为进行

---

① 1993年《反不正当竞争法》第十条规定：【禁止侵犯商业秘密】经营者不得采用下列手段侵犯商业秘密：（一）以盗窃、利诱、胁迫或者其他不正当手段获取权利人的商业秘密；（二）披露、使用或者允许他人使用以前项手段获取的权利人的商业秘密；（三）违反约定或者违反权利人有关保守商业秘密的要求，披露、使用或者允许他人使用其所掌握的商业秘密。第三人明知或者应知前款所列违法行为，获取、使用或者披露他人的商业秘密，视为侵犯商业秘密。本条所称的商业秘密，是指不为公众所知悉、能为权利人带来经济利益、具有实用性并经权利人采取保密措施的技术信息和经营信息。

②《关于禁止侵犯商业秘密行为的若干规定》第二条规定：本规定所称商业秘密，是指不为公众所知悉、能为权利人带来经济利益、具有实用性并经权利人采取保密措施的技术信息和经营信息。本规定所称不为公众所知悉，是指该信息是不能从公开渠道直接获取的。本规定所称能为权利人带来经济利益、具有实用性，是指该信息具有确定的可应用性，能为权利人带来现实的或者潜在的经济利益或者竞争优势。本规定所称权利人采取保密措施，包括订立保密协议，建立保密制度及采取其他合理的保密措施。本规定所称技术信息和经营信息，包括设计、程序、产品配方、制作工艺、制作方法、管理诀窍、客户名单、货源情报、产销策略、招投标中的标底及标书内容等信息。本规定所称权利人，是指依法对商业秘密享有所有权或者使用权的公民、法人或者其他组织。第三条规定：禁止下列侵犯商业秘密行为：（一）以盗窃、利诱、胁迫或者其他不正当手段获取权利人的商业秘密；（二）披露、使用或者允许他人使用以前项手段获取的权利人的商业秘密；（三）与权利人有业务关系的单位和个人违反合同约定或者违反权利人保守商业秘密的要求，披露、使用或者允许他人使用其所掌握的权利人的商业秘密；（四）权利人的职工违反合同约定或者违反权利人保守商业秘密的要求，披露、使用或者允许他人使用其所掌握的权利人的商业秘密。第三人明知或者应知前款所列违法行为，获取、使用或者披露他人的商业秘密，视为侵犯商业秘密。

规制已无法达到社会治理的基本要求。此时将商业秘密保护上升到刑法保护已成为社会各界普遍共识，为此1997年《刑法》第二百一十九条才明确对侵犯商业秘密行为专门设置刑事定罪处罚条款①，借鉴并沿用1993年《反不正当竞争法》对商业秘密概念的定义，并将《反不正当竞争法》所列的侵权行为作为侵犯商业秘密罪客观方面的表现行为。

（二）侵犯商业秘密罪的概念

1.本罪的概念

1997年《刑法》关于侵犯商业秘密罪的规定实施二十多年以来，我国经济社会取得了巨大发展，经济总量跃居世界第二，对外开放的大门不断打开。为营造良好的营商环境，并适应实践中的新情况，《反不当竞争法》分别于2017年、2019年对商业秘密进行相关修订，2020年中美两国之间达成的《中美经济贸易协议》，该协议第一章有关“知识产权”的内容中就针对“商业秘密”做出了专门规定，这也是中美两国之间贸易争端的聚焦问题。为了与两次《反不正当竞争法》修改相衔接，落实协议相关内容，进一步总结司法实践中的经验，2020年《刑法修正案（十一）》对本条作出正式修改②。

---

① 1997年《刑法》第二百一十九条：“有下列侵犯商业秘密行为之一，给商业秘密的权利人造成重大损失的，处三年以下有期徒刑或者拘役，并处或者单处罚金；造成特别严重后果的，处三年以上七年以下有期徒刑，并处罚金：（一）以盗窃、利诱、胁迫或者其他不正当手段获取权利人的商业秘密的；（二）披露、使用或者允许他人使用以前项手段获取的权利人的商业秘密的；（三）违反约定或者违反权利人有关保守商业秘密的要求，披露、使用或者允许他人使用其所掌握的商业秘密的。明知或者应知前款所列行为，获取、使用或者披露他人的商业秘密的，以侵犯商业秘密论。本条所称商业秘密，是指不为公众所知悉，能为权利人带来经济利益，具有实用性并经权利人采取保密措施的技术信息和经营信息。本条所称权利人，是指商业秘密的所有人和经商业秘密所有人许可的商业秘密使用人。”

② 经《刑法修正案（十一）》修改后的《刑法》第二百一十九条：“有下列侵犯商业秘密行为之一，情节严重的，处三年以下有期徒刑，并处或者单处罚金；情节特别严重的，处三年以上十年以下有期徒刑，并处罚金：（一）以盗窃、贿赂、欺诈、胁迫、电子侵入或者其他不正当手段获取权利人的商业秘密的；（二）披露、使用或者允许他人使用以前项手段获取的权利人的商业秘密的；（三）违反保密义务或者违反权利人有关保守商业秘密的要求，披露、使用或者允许他人使用其所掌握的商业秘密的。明知前款所列行为，获取、披露、使用或者允许他人使用该商业秘密的，以侵犯商业秘密论。”

同时在《刑法》第219条后增加一条，作为第219条之一[①]。根据该条规定，本人认为，所谓侵犯商业秘密罪，指行为人采取不正当手段，公然违反国家商业秘密保护法律法规，侵犯他人商业秘密的行为。

2.商业秘密的含义

《刑法修正案（十一）》虽然删去了原条文中关于商业秘密概念的规定，但这并不意味着商业秘密的概念不重要，准确界定区分一般商业信息和商业秘密仍是侵犯商业秘密罪定罪的前提关键。刑法中不再具体规定商业秘密的定义主要是为了与其他相关法律中有关商业秘密的规定保持一致，不会因为我国经济社会发展和司法实践的新情况新变化不定期修订刑法条文，这样更有利于维护刑法条文的稳定性。根据我国《反不正当竞争法》第9条的规定[②]，商业秘密具有以下特征：

（1）商业秘密不为公众所知悉，具有秘密性。只限于少数人知道掌握，如果信息无须保密或者公众可以通过公开或其他类似渠道可所知悉的信息，都不能认为是商业秘密。值得注意的是，如果将公众所知悉的信息进行整理、改进、加工后形成的新信息，应当认定该新信息不为公众所知悉，若还符合商业秘密的其他特征也属于商业秘密。

（2）商业秘密应当具有现实或者潜在的商业价值，该秘密信息能够给经营者带来经济利益或者竞争优势，可以是能够带来直接的、现实的经济利益或者竞争优势的信息，如产品配方、技术改良方案等，也可以是能够带来间接的、潜在的经济利益或者竞争优势的信息，如客户资料信息等。

（3）权利人对商业秘密采取了合理的保密措施，以防止他人轻易获取知悉。通常企业根据自身发展的实际需要制定实施的保密措施是多种多样的，例如，企业在员工入职时与其签订保密协议，对高级管理人员以及核

---

①《刑法》第二百一十九条之一："为境外的机构、组织、人员窃取、刺探、收买、非法提供商业秘密的，处五年以下有期徒刑，并处或者单处罚金；情节严重的，处五年以上有期徒刑，并处罚金。本条所称权利人，是指商业秘密的所有人和经商业秘密所有人许可的商业秘密使用人。"

②《反不正当竞争法》第9条："商业秘密是指不为公众所知悉、具有商业价值并经权利人采取相应保密措施的技术信息、经营信息等商业信息。"

心技术人员签订竞业禁止协议；制定企业保密规章制度，向员工提出保密要求；对涉密生产经营场所限制来访者或者进行区分管理的；对涉密信息采取加密、加锁、限定等技术措施手段；根据人员职级、职务的不同分别设定保密信息接触知悉范围。一般来说，企业只需根据企业发展的不同阶段采取相应合理的保密措施。保密措施应当与商业秘密的商业价值具有相当性，不能不切实际对企业提出过分的保密措施要求。

（4）商业秘密指技术信息、经营信息等商业信息。“技术信息”指与技术有关的结构、原料、组分、配方、材料、样品、样式、植物新品种繁殖材料、工艺、方法或其步骤、算法、数据、计算机程序及其有关文档等信息；“经营信息”指与经营活动有关的创意、管理、销售、财务、计划、样本、招投标材料、客户信息（包括客户的名称、地址、联系方式以及交易习惯、意向、内容等信息）、数据等信息。[①]

二、本罪的犯罪构成

（一）本罪的犯罪客体

理论界对本罪的客体有不同看法，主要有三种观点，第一种观点认为本罪的犯罪客体是“国家对商业秘密保护的管理制度”；第二种观点认为本罪的侵犯客体是“商业秘密的专用权”[②]；第三种观点认为本罪的犯罪客体是“国家对商业秘密的管理制度和商业秘密权利人对商业秘密享有的专用权”[③]。

笔者认为，立法者将侵犯商业秘密罪作为侵犯知识产权犯罪的类型之一予以规制，而侵犯知识产权犯罪又属于破坏社会主义市场秩序犯罪的一种，因此从形式上来看，国家商业秘密管理制度、管理秩序应当是该罪的保护法益。立法者没有将侵犯商业秘密罪单纯作为侵犯财产类犯罪来对

---

①《最高人民法院关于审理侵犯商业秘密民事案件适用法律若干问题的规定》第1条。

② 高铭暄、马克昌主编：《刑法学》（第九版），北京大学出版社2019年版，第501页。

③ 阮齐林主编：《刑法学》，中国政法大学出版社2019年版，第524页。

待，在《刑法修正案（十一）》又进一步修改了侵犯商业秘密罪的犯罪成立条件，不再要求“给权利人造成重大损失”，只要满足“情节严重”这一定量要素就可构成该罪，更加去除将权利人财产利益作为侵犯商业秘密罪的保护客体。不可否认的是，侵犯商业秘密的行为确确实实给权利人造成巨大财产利益损失，并且这种财产损失的影响不同于一般有形财产利益损失可以准确计算，其财产利益价值存在不确定性并可能存在预期利益的损失。所以关于侵犯商业秘密罪的保护法益，不能简单认为是一元法益保护下的管理秩序或财产利益，也不能认为是二元法益保护下的管理秩序和财产利益；而是应当将其保护的法益定义为一种复杂客体，并对涉及法益进行次序位阶排序，将国家商业秘密管理制度、管理秩序作为主要法益，商业秘密权利人的权利或利益作为次要法益[①]。

（二）本罪的犯罪客观方面

本罪的客观方面首先是未经商业秘密权利人许可，实施了侵犯他人商业秘密的行为。商业秘密权利人指商业秘密的所有人和经商业秘密所有人许可的商业秘密使用人。商业秘密使用人，是与商业秘密所有人订立商业秘密使用许可合同的人。这种危害行为表现为下列三种形式。

一是以盗窃、贿赂、欺诈、胁迫、电子侵入或者其他不正当手段获取权利人的商业秘密。实施这一行为的主体，通常是享有商业秘密权利人的同行业竞争对手，希望通过此类不正当竞争手段，获取他人商业秘密提高自身产品竞争力。“盗窃手段”指采取秘密窃取手段，包括窃取企业加密文件资料，以及偷看、偷听、秘密拍照录像、复印等。“贿赂手段”指通过给予因工作关系等而实际知悉商业秘密的人以金钱、物质、美色以及其他物质，以获取权利人的商业秘密。“欺诈手段”指对知晓商业秘密的人进行利用、诱导、欺骗，使其发生错误认识，主动将商业秘密提供给行骗

---

① 参见王志远：《侵犯商业秘密罪保护法益的秩序化界定及其教义学展开》，《政治与法律》2021年第6期。

人。"胁迫手段"指对知悉商业秘密的人进行威胁、恐吓，使其迫于心理压力被迫提供知晓的相关商业秘密。"电子侵入"指行为人不具有对存储权利人商业秘密信息电子载体的访问权限，通过"黑客""病毒植入""爬虫""拖库撞库""端口监听"等技术手段侵入计算机网络等信息系统，非法获取权利人的商业秘密。[①]"其他不正当手段"，一般性是兜底条款，指行为人采取以上明确列举的行为之外的，其他属于不正当竞争行为的方式，例如，抢劫、抢夺、侵占等违背商业秘密权利人意志非法获取商业秘密的各种违法行为。

二是披露、使用或者允许他人使用以前项手段获取的权利人的商业秘密。"披露"指行为人将非法获取的商业秘密进一步披露公开，使相关信息失去秘密性，破坏权利人的竞争优势。"使用"指自己直接使用或者提供给商业秘密权利人以外的第三人间接使用。"允许他人使用"指将以非法手段获取的商业秘密，许可给其他人使用于生产、经营行为中。此类行为都是在非法获取商业秘密的基础上，行为人又通过披露、使用或者许可他人使用进一步扩大商业秘密泄露使用的范围，大大降低商业秘密的秘密性，使其失去商业价值。

三是违反保密义务或者违反了权利人有关保守商业秘密的要求，披露、使用或者允许他人使用其所掌握的商业秘密。此类行为是行为人前期通过合法途径掌握相关商业秘密，但是其无视合同约定义务以及企业制度要求，违反了保密义务或者有关保守商业秘密的要求向第三人披露、使用或者允许第三人使用其所获取的商业秘密。实践中此类行为的主体多为商业秘密权利人的雇员，因其与企业建立劳动关系从事相关工作，进而在职责权限内掌握一定商业秘密，且此类核心技术人才多与企业之间签订相关保密协议，企业方面也建立相关规章制度要求。

除上述三种侵犯他人商业秘密的行为以外，若第三人明知他人具有

---

① 参见魏震:《浅析侵犯商业秘密罪中的"电子入侵"》,《人民法治》2020年第12期。

上述三种危害行为，非但不积极举报、阻止危害行为发生避免损失进一步扩大，而是仍然从他人处获取、披露、使用或者允许他人使用该商业秘密的，其行为虽属间接侵犯商业秘密的行为，但依旧以侵犯商业秘密论处。由于第三人不是非法获取商业秘密的直接责任人，因此，第三人主观上必须是明知才构成犯罪。如果第三人不知道该信息是他人非法获取、披露、使用的商业秘密的，则不是本条这里规定的侵犯商业秘密的行为。

（三）本罪的犯罪主体

侵犯商业秘密罪的犯罪主体为一般主体，该罪的犯罪主体不具备特殊性规定，适用《刑法》总则关于一般主体的规定。只要是达到刑事责任年龄、具有刑事责任能力的自然人和《刑法》总则第30条规定的单位都有可能成文本罪的犯罪主体，自然人通常是合同约定负有保密义务的当事人和本公司、企业知悉或掌握商业秘密的人，单位大多数是拥有相当核心商业秘密的公司、企业、事业单位。根据《刑法》第220条的规定，单位犯侵犯商业秘密罪的，对单位判处罚金，并对其直接负责的主管人员和其他直接责任人员依照本罪对自然人的处罚标准。

（四）本罪的主观方面

本罪的主观方面表现为故意，即明知是以采取一定保密措施加以保护的商业秘密，而故意实施侵犯商业秘密的行为，目的上一般出于营利。《刑法修正案（十一）》将原第二款中的“明知或者应知前款所列行为”修改为“明知”，取消了对行为人主观上是否处于“明知”状态时的一种推理依据和方法，自然也就不存在应知而不知，造成损害结果下的过失。行为人主观上出于明知下做出侵犯商业秘密的行为，就是一种故意。具体在认定行为人是否明知时，不能仅凭其口供，还需要根据行为人的客观行为、主观状态、平时表现等因素综合作出判断。此外无论行为人出于何种动机、目的，均不影响本罪的认定。

需要特别注意的是，本罪的犯罪行为中包含了第三人的犯罪，由于第三人不是非法获取商业秘密的直接责任人，因此，第三人在实施间接侵犯商业秘密行为时主观上必须是明知，才构成犯罪。如果第三人不知道该信息是他人非法获取、披露、使用的商业秘密的，则不具备主观上的明知故意，实施的也不是侵犯商业秘密的行为。

三、本罪与相关犯罪的辨析

（一）本罪与假冒注册商标罪、假冒专利罪、侵犯著作权罪的区别

本罪与假冒注册商标罪、假冒专利罪、侵犯著作权罪都属于破坏社会主义市场经济秩序下侵犯知识产权的罪名，主要区别在于：

1.侵犯的犯罪对象不同

侵犯商业秘密罪侵犯的对象是商业秘密；而其他犯罪侵犯的对象分别是商标、专利与作品。商标是将某一厂商所提供的商品或服务与其他厂商所提供的商品或服务区别开来的标记，专利指一项发明创造在经过国家审批机关审查合格后在规定时间享有排他性的专有权，作品指文学、艺术和科学领域内具有独创性并能以一定形式表现的智力成果，上述三者都与商业秘密有本质区别。

2.犯罪的客观方面不同

侵犯商业秘密罪行为主要表现为以不法手段获取商业秘密，或者非法披露、使用或允许他人使用商业秘密；而其他三类犯罪行为主要表现为假冒、仿冒行为，多发生于具有直接竞争关系的企业之间，使得消费者在商品的来源问题上产生混淆。

（二）本罪与泄露国家秘密、非法获取国家秘密罪的区别

本罪与泄露国家秘密、非法获取国家秘密罪都属于侵犯信息安全类的罪名，主要区别在于：

1.侵犯的犯罪对象不同

侵犯商业秘密罪侵犯的是商业秘密；而其他犯罪侵犯的是国家秘密。商业秘密与国家秘密虽同属于秘密，但两者核心的不同：商业秘密与企业生产相关，一旦泄露将会损害商业秘密所有人的经济利益；而国家秘密涉及国家安全层面有关领域，一旦泄露会影响国家安全利益。

2.侵犯的犯罪客体不同

侵犯商业秘密罪所侵犯的主要法益是国家对商业秘密管理制度、管理秩序，次要法益是商业秘密权利人的权利或利益；而其他犯罪所侵犯的法益为国家的保密制度和国家的安全和利益。两者对比来看，侵犯国家秘密犯罪所侵犯的法益位阶更高，相应的其所承担的刑罚也更重。

3.犯罪主体不同

侵犯商业秘密罪的主体是一般主体，大多数是因为一定工作关系而知悉商业秘密的自然人和拥有相当核心商业秘密的单位，而其他犯罪所要求主体则是具有特殊身份的特殊主体，即“国家机关工作人员”，因工作性质和职权其才有权保管、接触或知悉国家秘密可能。当然随着企业发展和国家安全领域的变化，本属于企业的商业秘密上升为事关国家安全与利益时，其将会由原先的商业秘密转化为国家秘密。如果行为人侵犯的商业秘密同时属于国家秘密，行为人除了触犯侵犯商业秘密罪外，还可能触犯故意泄露国家秘密罪、过失泄露国家秘密罪、非法获取国家秘密罪、为境外窃取、刺探、收买、非法提供国家秘密、情报罪。此时则应从一重罪处断，依照侵犯国家秘密的有关犯罪处理。

四、本罪存在的问题与争议

（一）对贿赂、欺诈、电子侵入等新型侵犯商业秘密行为的理解

侵犯商业秘密罪对侵犯商业秘密基本行为的规定存在明显社会滞后性，并多以先前制定实施的《中华人民共和国反不正当竞争法》（以下简

称《反不正当竞争法》）为重要参考依据。1997年《刑法》以1999年《反不正当竞争法》为参照，规定了“以盗窃、利诱、胁迫或者其他不正当手段获取权利人的商业秘密的基本违法行为”。随着经济社会的发展，新兴科学技术勃兴，经济全球化进程不断加深，人才跨区域频繁流动成为常态。这些趋势导致了侵犯商业秘密的行为方式不可避免地发生变化，更加隐蔽、多样且具备新兴技术性。为此2017年《反不正当竞争法》第一次修订，将侵犯商业秘密的基本违法行为修改为“以盗窃、贿赂、欺诈、胁迫或者其他不正当手段获取权利人的商业秘密”。短短两年时间后，2019年《反不正当竞争法》第二次修订，将上述基本违法行为修改为“以盗窃、贿赂、欺诈、胁迫、电子侵入或者其他不正当手段获取权利人的商业秘密”。随后 2020年《刑法修正案（十一）》与2019年《反不正当竞争法》修改相衔接，将基本犯罪行为从“盗窃、利诱、胁迫”修改为“盗窃、贿赂、欺诈、胁迫、电子侵入”。

刑法对于非法获取商业秘密的行为方式上，采取的是列举加概括的立法模式，通过列举常见的不法行为再加以“其他不正当手段”予以概括。这一模式将常见行为明示列举，将未来新发行为用兜底不正当手段予以吸纳，做到对行为的全方位规制。但这种立法模式也对前述明示列举的行为提出更高要求，行为的内涵必须准确、丰富，行为必须为刑法所明令禁止，行为概念之间应相互并列，不得交叉相互涵盖。由此可见，删除了原条文中的“利诱”是因为利益引诱这种非暴力的行为方式规范化程度较弱，且刑法的其他条文中也无利诱行为的相关规定。将“利诱”拆分修改成“贿赂”和“欺诈”，一方面内涵更加丰富，另一方面符合刑法的规范化表述。

2019年《反不正当竞争法》修订已增加电子侵入作为侵犯商业秘密的行为。2020年1月15日，中美双方签署《中美经济贸易协议》，该协议第1.4条明确要求“中国应列出构成侵犯商业秘密的其他行为，尤其是电子入侵”。2020年9月12日《最高人民法院　最高人民检察院关于办理侵犯知识产权刑事案件具体应用法律若干问题的解释(三)》的第三条也将电子侵入纳入获取权利人的商业秘密的非法手段。为此2020年12月26日发布、2021年3月1日实施的《刑法修正案（十一）》也将电子侵入纳入侵犯商业秘密罪的客观行为。

“电子侵入”是互联网信息时代下侵犯商业秘密的重要途径，“电子侵入”的对象包括所有存储有他人商业秘密信息的电子载体，包括数字化办公系统、服务器、邮箱、云盘等。“侵入”的手段，包括黑客手段、植入病毒，以及新兴的通过“爬虫”“拖库撞库”“端口监听”等各种电子侵入手段。[①]但新型技术发展应用并不一定就要带来法律规定尤其是刑法条文的修订，就刑法条文本身而言，“电子侵入”完全可以由“其他不正当手段”包括进来。并且“侵入”行为本身就是在未经权利人许可或未经合法途径，通过电子技术手段进入权利人计算机系统获取的商业秘密行为，即“侵入”本身就是一种盗窃的新型手段，二者在逻辑概念上不是并列的关系。

由此可见，“电子侵入”方式入刑，更多的是满足时代发展、中美两国贸易争端背景下明确这种手段的不正当性，满足实用主义需求。此外“电子侵入”的行为还可能落入非法侵入计算机信息系统罪，所以从立法技术的严谨性上来讲加入“电子侵入”的行为方式存在一定的逻辑错位问题。[②]

（二）对降低刑事执法门槛的思考

2004年《最高人民法院　最高人民检察院关于办理侵犯知识产权刑事案件具体应用法律若干问题的解释》[③]，2010年最高人民检察院、公安部《关于公安机关管辖的刑事案件立案追诉标准的规定（二）》[④]均规定，“侵犯商业秘密罪”的入罪起点是必须要给权利人造成50万元以上的财产损失。

---

① 参见魏震：《浅析侵犯商业秘密罪中的“电子入侵”》，《人民法治》2020年第12期。

② 孔祥俊：《商业秘密保护的“本”与“道”》，载微博，2021年12月12日。

③ 该解释第七条规定：“实施刑法第二百一十九条规定的行为之一，给商业秘密的权利人造成损失数额在五十万元以上的，属于‘给商业秘密的权利人造成重大损失’，应当以侵犯商业秘密罪判处三年以下有期徒刑或者拘役，并处或者单处罚金。”

④ 该解释第七十三条规定：“侵犯商业秘密，涉嫌下列情形之一的，应予立案追诉：（一）给商业秘密权利人造成损失数额在五十万元以上的；（二）因侵犯商业秘密违法所得数额在五十万元以上的；（三）致使商业秘密权利人破产的；（四）其他给商业秘密权利人造成重大损失的情形。”

2020年1月15日，中美双方签署《中美经济贸易协议》，该协议第1.7条明确要求“双方应取消任何将商业秘密权利人确定发生实际损失作为启动侵犯商业秘密刑事调查前提的要求”。2020年9月14日起施行的《最高人民法院最高人民检察院关于办理侵犯知识产权刑事案件具体应用法律若干问题的解释（三）》中规定“重大损失”，即给商业秘密的权利人造成损失数额或者因侵犯商业秘密违法所得数额在30万元以上的；或者直接导致商业秘密的权利人因重大经营困难而破产、倒闭的。《刑法修正案（十一）》把侵犯商业秘密罪的构成要件中的“给商业秘密的权利人造成重大损失”修改为“情节严重”，跳档量刑标准由“造成特别严重后果”修改为“情节特别严重的”。这一立法变动修改，意味着侵犯商业秘密罪由原先的结果犯变成了现在的情节犯，入罪门槛的也进一步降低。至此现行刑法规定的侵犯知识产权犯罪的七个罪名入罪标准分别是：（1）情节严重（假冒注册商标罪、非法制造销售非法制造的注册商标标识罪、假冒专利罪、侵犯商业秘密罪）；（2）违法所得数额较大或者有其他严重情节的（销售假冒注册商标的商品罪、侵犯著作权罪、销售侵权复制品罪）。

虽然《协议》要求取消实际损失作为启动刑事审查的前提，《刑法修正案（十一）》也取消了造成重大损失的定罪要件，但是造成重大损失依旧是认定“情节严重”最重要与最常见的标准之一且已经具备了多年的司法实践经验，权利人主张赔偿金额也需要依据造成经济利益损失的数额予以确认。因此，即便将“重大损失”修订为“情节严重”，“重大损失”的具体数额依旧不可或缺，计算标准的明确仍然意义重大。①

我国《刑法》及相关法规和司法解释在对待侵犯商业秘密追诉和入罪条件的问题上，一方面取消实际损失，另一方面将给权利人造成的损失数额由原先的50万元以上降低到30万元以上。取消实际损失，降低追诉标准、入罪门槛，提高法定最高刑期，这些措施全方位加重了对侵犯商

① 参见王文静：《论侵犯商业秘密罪中“重大损失”的认定原则》，《法学评论》2020年第6期。

业秘密罪的打击力度。但这也会带来新的问题，即权利人可能会滥用降低后的追诉标准和入罪门槛，对自身的商业秘密保护采取恶意诉讼的方式，致使他人遭受刑事追诉，甚至引发大量侵犯商业秘密犯罪的“流氓诉讼”，造成司法资源的严重浪费，这也是修法后需要关注思考和解决的问题。[①]

五、本罪的立法完善

现行《刑法》在规定的侵犯知识产权犯罪中，商标、专利和著作权都以公开性换取了法律的保护，公开后的违法行为大多是假冒、制造、销售等。著作权因为所保护的作品具有多样性，所以在罪名的设置上只能以侵犯作为归纳概括。商业秘密的保护逻辑是以秘密性换取法律的保护，使秘密变为公开的客观行为方式存在多样性，但作为对象的商业秘密是单一确定的。所以对于商业秘密，具备根据不同行为设置不同罪名的先天条件。而我国现行《刑法》对侵犯商业秘密罪罪名的设置过于简单、笼统，“侵犯”一词本身就存在一定客观行为模糊性，侵犯在客观方面的基本行为表现为盗窃、贿赂、欺诈、胁迫、电子侵入或者其他不正当手段。但众所周知，不同的行为所造成的危害后果及社会影响是不完全相同的。

为了符合刑法罪责刑相适应基本原则的要求，对犯罪行为做到精准打击，下一步可以逐步探索将侵犯商业秘密罪作为一个类罪名规定，其下再根据不同侵犯商业秘密行为的性质另设若干项具体罪名，如“刺探商业秘密罪”“窃取商业秘密罪”“侵占商业秘密罪”“泄露商业秘密罪”等，再根据不同罪名下行为的社会危害性大小差异，对应不同的刑罚。[②]

---

① 参见王文华：《中美贸易谈判中侵犯商业秘密的刑事责任问题研究》，《经贸法律评论》2020年第4期。

② 刘宪权、杨兴培主编：《刑法学专论》，北京大学出版社2007年版，第470、471页。

参考文献

一、中文著作

1. 北京大学哲学系外国哲学史教研室编译:《古希腊罗马哲学》，商务印书馆1961年版。

2. 卞建林主编:《刑事诉讼法学》，法律出版社1997 年版。

3. 卞建林:《刑事诉讼的现代化》，中国法制出版社 2003 年版。

4. 卞建林、刘玫:《外国刑事诉讼法》，人民法院出版社、中国社会科学出版社2002 年版。

5. 蔡墩铭:《现代刑法思潮与刑事立法》，汉林出版社1977年版。

6. 蔡墩铭:《刑事诉讼法论》，台湾五南图书出版有限公司1996年版。

7. 蔡墩铭:《刑事诉讼法概要》，台湾三民书局股份有限公司1999年版。

8. 蔡墩铭主编:《两岸比较刑事诉讼法》，五南图书出版社1996年版。

9. 蔡枢衡:《刑事诉讼法教程》，中国政法大学出版社2012年版。

10. 曹炳增:《无罪辩护：十起辩护成功案例及诉讼程序的理性思考》，中国人民公安大学出版社2004年版。

11. 曹竞辉:《刑事诉讼法实务问题研究》，三民书局1982 年版。

12. 陈瑾昆:《刑事诉讼法通义》，北平朝阳书院民国 19 年版。

13. 陈光中主编:《外国刑事诉讼程序比较研究》，法律出版社1988年版。

14. 陈光中主编:《刑事诉讼法学》,中国政法大学出版社1990年版。

15. 陈光中:《陈光中法学文集》,中国法制出版社2000年版。

16. 陈光中、[加拿大]丹尼尔·普瑞方廷主编:《联合国刑事司法准则与中国刑事法制》,法律出版社1998年版。

17. 陈光中主编:《刑事再审程序与人权保障》,北京大学出版社2005年版。

18. 陈光中、徐静村主编:《刑事诉讼法学》,中国政法大学出版社 1999 年版。

19. 陈光中主编:《刑事诉讼法学》,北京大学出版社、高等教育出版社 2002 年版。

20. 陈光中主编:《刑事诉讼法实施问题研究》,中国法制出版社 2000 年版。

21. 陈光中、[德]汉斯-约格 阿尔布莱希特主编:《中德强制措施制度研讨会论文集》,中国人民公安大学出版社 2003 年版。

22. 陈国庆等编著:《修改后刑事诉讼法实施疑难问题解答》,中国检察出版社1997年版。

23. 陈宏毅:《刑事诉讼法理论与实务》,三民书局 2001 年版。

24. 陈朴生:《刑事诉讼法论》,正中书局1952年版。

25. 陈朴生:《刑事证据法》,三民书局1979年版。

26. 陈朴生:《刑事诉讼法实务》,海宇文化事业有限公司1999年版。

27. 陈朴生:《刑事诉讼法实务》(修订版),台湾海天印刷厂有限公司1981年版。

28. 陈朴生:《刑事诉讼争议问题研究》,五南图书出版公司1987年版。

29. 陈朴生:《刑事证据法》台湾海天印刷厂有限公司1979年版。

30. 陈朴生:《刑事证据法》,台湾三民书社 1979 年版。

31. 陈瑞华:《刑事审判原理论》,北京大学出版社1997年版。

32. 陈瑞华:《刑事诉讼的前沿问题》,中国人民大学出版社2000年版。

33. 陈瑞华:《问题与主义之间——刑事诉讼基本问题研究》,中国人民大学出版社2003年版。

34. 陈瑞华:《程序性制裁理论》,中国法制出版社2005年版。

35. 陈卫东主编:《刑事诉讼法实施问题调研报告》,中国方正出版社2001年版。

36. 陈卫东主编:《模范刑事诉讼法典》，中国人民大学出版社2005年版。

37. 陈永生:《侦查程序原理论》，中国人民公安大学出版社 2003 年版。

38. 陈兴良:《刑法哲学》，中国政法大学出版社1997年版。

39. 陈宗荣:《民事诉讼与民事诉讼标的理论》，台湾大学法律系“法学丛书编辑委员会”1997 年版。

40. 程荣斌主编:《刑事诉讼法》，中国人民大学出版社 1999 年版。

41. 程味秋、杨诚、杨宇冠编:《联合国人权公约和刑事司法文献汇编》，中国法制出版社2000年版。

42. 程味秋、樊崇义主编:《外国刑事诉讼法概论》，中国政法大学出版社 1994 年版。

43. 储槐植:《美国刑法》(第二版)，北京大学出版社 1996 年版。

44. 褚剑鸿:《刑事诉讼法论》(增订本)，台湾商务印书馆股份有限公司1983 年版。

45. 戴修瓒:《新刑事诉讼法释义》，上海法学编译社民国 19 年版。

46. 刁荣华:《刑事诉讼法释论》，汉苑出版社1977年版。

47. 斐广川主编:《刑事案例诉辩审评——绑架罪、非法拘禁罪》，中国检察出版社2005年版。

48. 冯亚东:《平等、自由与中西文明》，法律出版社2002年版。

49. 樊崇义主编:《刑事诉讼法学》，中国政法大学出版社 1999 年版。

50. 樊崇义主编:《刑事诉讼法研究综述与评价》，中国政法大学出版社 1991 年版。

51. 樊崇义主编:《刑事诉讼法实施问题与对策研究》，中国人民公安大学出版社 2001年版。

52. 樊崇义主编:《诉讼原理》，法律出版社 2003 年版。

53. 龚祥瑞:《西方国家司法制度》，北京大学出版社1993年版。

54. 顾昂然:《新中国的诉讼、仲裁和国家赔偿制度》，法律出版社1996年版。

55. 顾永忠:《刑事上诉审程序研究》，中国人民公安大学出版社 2003 年版。

56. 何秉松主编:《刑法教科书》2000 年修订（上卷），中国法制出版社 2000 年版。

57. 洪永宏、严昌编:《世界经典文献》，北京燕山出版社1997年版。

58. 胡开诚:《刑事诉讼法论》，三民书局 1983 年版。

59. 胡伟:《司法政治》，香港三联书店有限公司1994年版。

60. 黄相森、沈宗灵主编:《西方人权学说》，四川人民出版社1994年版。

61. 黄东熊:《刑事诉讼法论》，台湾三民书局股份有限公司 1999 年版。

62. 季卫东:《法治秩序的建构》，中国政法大学出版社1999年版。

63. 姜伟、钱舫、徐鹤喃:《公诉制度教程》，法律出版社2002年版。

64. 江伟主编:《中国民事诉讼法专论》，中国政法大学出版社 1998 年版。

65. 康焕栋:《刑事诉讼法论》，上海法学编译社民国 26 年版。

66. 柯报程:《变动中的刑法思想》，中国政法大学出版社2003年版。

67. 李贵方主编:《刑事辩护指南》，吉林人民出版社2003年版。

68. 李心鉴:《刑事诉讼构造论》，中国政法大学出版社1992年版。

69. 李学军主编:《美国刑事诉讼规则》，中国检察出版社2003年版。

70. 梁玉渡:《论刑事诉讼方式的正当性》，中国法制出版社2002年版。

71. 林山田:《刑事诉讼法》，汉荣书局有限公司1981年版。

72. 林钰雄:《刑事诉讼法》，中国人民大学出版社2005年版。

73. 廖俊常主编:《刑事诉讼法学》，四川人民出版社1990年版。

74. 刘秉均等:《罪与刑——林山田教授六十岁生日祝贺论文集》，五南图书出版公司1998年版。

75. 刘军宁、王炎、贺卫方编:《市场逻辑与国家观念》，生活·读书·新知三联书店1995年版。

76. 刘荣军:《程序保障的理论视角》，法律出版社 1999 年版。

77. 刘星:《法律是什么？——二十世纪英美法理学批判阅读》，广东旅游出版社1997年版。

78. 龙宗智:《刑事庭审制度研究》，中国政法大学出版社2001年版。

79. 龙宗智：《理论反对实践》，法律出版社2003年版。

80. 龙宗智主编：《徘徊于传统与现代之间——中国刑事诉讼法再修改研究》，法律出版社2005年版。

81. 龙宗智：《相对合理主义》，中国政法大学出版社 1999 年版。

82. 龙宗智：《刑事庭审制度研究》，中国政法大学出版社 2001 年版。

83. 麦高伟、杰弗里·威尔逊主编：《英国刑事司法程序》，姚永吉、陈级等译，法律出版社2003年版。

84. 苗生明主编：《检察机关公诉人办案规范手册》，中国检察出版社2004年版。

85. 欧阳康：《社会认识论导论》，中国社会科学出版社 1990 年版。

86. 欧阳寿、周叶谦、肖闲富、陈中天：《英美刑法刑事诉讼法概论》，中国社会科学出版社1984年版。

87. 彭勃：《日本刑事诉讼法通论》，中国政法大学出版社 2002 年版。

88. 邱兴隆：《关于惩罚的治学——刑罚根据论》，法律出版社2000年版。

89. 裘索：《日本国检察制度》，商务印书馆 2003 年版。

90. 曲新久：《刑法的精神与范畴》，中国政法大学出版社 2000 年版。

91. 宋英辉：《刑事诉讼原理导读》，法律出版社2003年版。

92. 宋英辉、李忠诚主编：《刑事程序法功能研究》，中国人民公安大学出版社2004年版。

93. 宋英辉主编：《刑事诉讼原理》，法律出版社 2003 年版。

94. 苏力：《道路通向城市：转型中国的法治》，法律出版社2004年版。

95. 沈宗灵、张文显主编：《法理学》，高等教育出版社 1993 年版。

96. 孙长永主编：《刑事诉讼证据与程序》，中国检察出版社2003年版。

97. 孙长永：《日本刑事诉讼法导论》，重庆大学出版社 1993 年版。

98. 孙长永等译：《英国2003年（刑事审判法）及其释义》，法律出版社2005年版。

99. 孙国华、朱景文主编：《法理学》，中国人民大学出版社 2000 年版。

100. 孙花璞：《刑事审判学》，中国检察出版社1992年版。

101. 孙文志主编：《控辩式刑事审判运作程序》，人民法院出版社1999年版。

102. 锁正杰：《刑事程序的法哲学原理》，中国人民公安大学出版社2002年版。

103. 台湾“最高法院学术委员会”编：《刑事诉讼可否采诉因制度研讨会》，台湾“最高法院学术研究会”编印 1994 年版《辞海》，上海辞书出版社 1979 年版。

104. 万毅：《变革社会的程序正义——语境中的中国刑事司法改革》，中国方正出版社2004年版。

105. 汪建成、黄伟明：《欧盟成员国刑事诉讼概论》，中国人民大学出版社2000年版。

106. 汪海燕：《刑事诉讼模式的演进》，中国人民公安大学出版社2004年版。

107. 王国枢主编：《刑事诉讼法学》，北京大学出版社1989年版。

108. 王敏远：《刑事司法理论与实践检讨》，中国政法大学出版社1999年版。

109. 王敏远主编：《公法》（第四卷），法律出版社 2003 年版。

110. 王敏远主编：《刑事诉讼法》，社会科学出版社2005年版。

111. 王少南主编：《审判学》，人民法院出版社2003年版。

112. 王亚新：《对抗与判定：日本民事诉讼的基本结构》，清华大学出版社2002年版。

113. 王义军：《从主体性原则到实践哲学》，中国社会科学出版社2002年版。

114. 王以真主编：《外国刑事诉讼法学参考资料》，北京大学出版社1995年版。

115. 王以真主编：《外国刑事诉讼法学》，北京大学出版社2004年版。

116. 王兆鹅：《美国刑事诉讼法》，北京大学出版社2005年版。

117. 王勇飞、张贵成主编：《中国法理学研究综述与评价》，中国政法大学出版社 1992年版。

118. 文正邦：《当代法哲学研究与探索》，法律出版社 1999 年版。

119. 吴建勋：《刑事诉讼应否改采当事人主义研究》，台湾宏辉电脑资讯企业有限公司 1997 年印刷。

120. 武延平、刘根菊主编：《刑事诉讼法学参考资料汇编》，北京大学出版社2005年版。

121. 夏勤：《刑事诉讼法要论》，重庆商务印书馆1944年版。

122. 夏勤：《刑事诉讼法要论》，商务印书馆 1933 年版。

123. 夏甄陶：《认识论引论》，人民出版社 1986 年版。

124. 肖泽晨：《宪法学——关于人权保障与权力控制的学说》，科学出版社2003年版。

125. 肖中华：《犯罪构成及其关系论》，中国人民大学出版社 2000 年版。

126. 谢佑平：《刑事诉讼模式与精神》，成都科技大学出版社1994年版。

127. 谢佑平、万毅：《刑事诉讼法原则：程序正义的基石》，法律出版社2002年版。

128. 谢佑平：《刑事司法程序的一般理论》，复旦大学出版社2003年版。

129. 谢佑平主编：《刑事诉讼国际准则研究》，法律出版社 2002 年版。

130. 熊秋红：《刑事辩护论》，法律出版社1998年版。

131. 熊秋红：《转变中的刑事诉讼法学》，北京大学出版社2004年版。

132. 熊元翰编：《刑事诉讼法》，北京安徽法学社1911年版。

133. 徐京辉、程立福：《澳门刑事诉讼法》，澳门基金会 1999 年版。

134. 徐静村主编：《刑事诉讼法学》，法律出版社1997年版。

135. 徐静村主编：《21世纪中国刑事程序改革研究——〈中华人民共和国刑事诉讼法〉第二修正案（学者建议稿）》，法律出版社2003年版。

136. 徐友军：《比较刑事程序结构》，现代出版社1992年版。

137. 许玉秀主编：《刑事法之基础与界限》，台湾学林文化事业有限公司2003年版。

138. 杨祖陶、邓晓芒编译：《康德三大批判精粹》，人民出版社2001年版。

139. 张建伟：《司法竞技主义：英美诉讼传统与中国庭审方式》，北京大学出版社2005年版。

140. 张军、姜伟、田文昌：《刑事诉讼：控辩审三人谈》，法律出版社2001年版。

141. 张丽卿：《刑事诉讼法：理论与应用》，五南图书出版公司2001年版。

142. 张丽卿：《刑事诉讼制度与刑事证据》，元照出版公司2000年版。

143. 张明楷:《刑法的基本立场》，中国法制出版社2002年版。

144. 张明楷:《外国刑法纲要》，清华大学出版社1999 年版。

145. 张卫平:《守望想像的空间》，法律出版社 2003 年版。

146. 张文显主编:《法理学》，法律出版社 1997 年版。

147. 张文显:《法学基本范畴研究》，中国政法大学出版社 1993 年版。

148. 张毅:《刑事诉讼中的禁止双重危险规则论》，中国人民公安大学出版社2004年版。

149. 张子培:《刑事诉讼法》，人民法院出版社1990年版。

150. 赵秉志主编:《香港刑事诉讼程序法》，北京大学出版社1996年版。

151. 赵教华编著:《西方哲学简史》，北京大学出版社2001年版。

152. 周道莺、张泗汉主编:《刑事诉讼法的修改与适用》，人民法院出版社1996年版。

153. 周光权:《刑法诸问题的新表述》，中国法制出版社1999年版。

154. 周光权:《刑法学的向度》，中国政法大学出版社2004年版。

155. 周枏:《罗马法原论》，商务印书馆1994年版。

156. 周士敏:《澳门刑事诉讼制度论》，国家行政学院出版社 2001 年版。

157. 最高法院学术研究会编:《刑事诉讼可否采行诉因制度研究讨论会》，普林特印刷有限公司1994年版。

158. 最高人民检察院法律政策研究室编:《人民检察院法律文书格式：样本》，中国法制出版社2002年版。

159. 最高人民检察院法律政策研究室编译:《所有人的正义——英国司法改革报告》，中国检察出版社2003年版。

160. 左卫民:《刑事程序问题研究》，中国政法大学出版社1999年版。

161. 左卫民、周长军:《刑事诉讼的理念》，法律出版社1999年版。

162. 左卫民、周长军:《变迁与改革：法院制度现代化研究》，法律出版社2000年版。

163. 左卫民:《在权利话语与权力技术之间——中国司法的新思考》，法律出版社2002年版。

164. 左卫民:《价值与结构：刑事程序的双重分析》，法律出版社2003年版。

165. 左卫民等:《简易刑事程序研究》，法律出版社2005年版。

166. 张建伟:《刑事司法体制原理》，中国人民公安大学出版社 2002 年版。

167. 王福华:《民事诉讼基本结构》，中国检察出版社 2002 年版。

168. 中国法律文书样式与制作编纂委员会编著:《检察法律文书样式与制作》，人民法院出版社 1998 年版。

169. 中央电视台庭审直播摄制组编:《綦江虹桥垮塌案审判实录》，法律出版社 1999年版。

二、中文论文

1. 白俊华:《论刑事诉讼法律关系几个问题》，《政法论坛》，1994年。

2. 白取祐司、程君:《产生杀机时间的变更和诉因的变更》，《研究生法学》，1994年。

3. 边慧亮:《传统刑事诉讼法律关系理论的困境及其新进展》，《法制与社会》，2011年。

4. 卞建林、魏晓娜:《起诉效力与审判范围》，《人民检察》，2000年。

5. 蔡震宇:《一事不再理的客观范围研究》，《浙江工商大学学报》，2008年。

6. 曹平:《我国刑事再审程序之不足》，《检察日报》，2005年。

7. 陈斌、崔凯:《刑事审判对象理论比较研究》，《法制与社会》，2007年。

8. 陈春芳:《刑事诉因制度研究》，《浙江工商大学学报》，2008年。

9. 陈冬:《刑事诉讼一事不再理原则研究》，《国家检察官学院学报》，2004年。

10. 陈昉:《我国公诉变更制度研究》，《复旦大学学报》，2009年。

11. 陈芬娟:《一事不再理原则与我国刑事再审程序之完善》，《嘉兴学院学报》，2006年。

12. 陈建辉:《论刑事诉讼中一事不再理原则》，《湘潭大学学报》，2007年。

13. 陈黎：《法院变更指控罪名新论》，《安徽电子信息职业技术学院学报》，2004年。

14. 陈濂、林荫茂：《刑事诉讼诉因价值与可行性研究》，《社会科学》，2008年。

15. 陈群：《一事不再理原则与我国刑事再审程序改革》，《黑龙江省政法管理干部学院学报》，2004年。

16. 陈群：《禁止重复追诉原则与我国刑事再审制度改造》，《盐城师范学院学报》（人文社会科学版），2007年。

17. 陈胜模：《对法院变更指控罪名加重刑罚的法律思考》，《四川省政法管理干部学院学报》，2004年。

18. 陈为峰：《刑法变更与刑事裁判既判力》，《厦门大学学报》，2007年。

19. 陈学权：《公诉裁量权与审判权具有互动关系》，《检察日报》，2004年。

20. 陈学权：《我国公诉变更制约机制的完善》，《山西省政法管理干部学院学报》，2005年。

21. 陈迎新、吴玲：《从一起程序性争议谈控审分离》，《检察实践》，2002年。

22. 陈永生：《一事不再理与中国区际刑事管辖冲突的解决》，《 研究生法学》，1998年。

23. 陈哲：《论刑法诉理论与既判力的关系》，《河南司法警官职业学院学报》，2006年。

24. 程昊：《论诉审同一原则的标准——兼论法院变更指控罪名的模式》，《学术交流》，2005年。

25. 崔凯：《英美刑事审判对象问题研究——反思诉因制度在我国的适用》，《甘肃理论学刊》，2007年。

26. 董清林：《略论沉默权与刑事诉讼法的多元价值目标》，《广西政法管理干部学院学报》，2001年。

27. 董伟华：《试析刑事诉讼法律关系的概念》，《沧桑》，2009年。

28. 段厚省、周恬：《英美民事诉讼中诉因制度的历史变迁》，《东方法学》，2008年。

29. 樊安红、刘宏成:《我国刑事再审与禁止重复追诉原则的冲突与调和》,《经济与社会发展》,2006年。

30. 冯宝玲、王丹丹:《论公诉变更制度》,《行政与法》(吉林省行政学院学报),2006年。

31. 冯锟、王何汉:《法院变更指控罪名探究》,《商业文化》(学术版),2009年。

32. 官欣:《论刑事诉讼客体》,《中国政法大学》,2004年。

33. 郭彩霞:《刑事诉讼控审分离原则研究》,《中国政法大学学报》,2005年。

34. 宋贇:《论审判范围与起诉范围的同一性》,《刑事司法论坛》,2009年。

35. 郭健、王成、冯涛:《刑事诉讼标的之单一性与同一性探究》,《郑州航空工业管理学院学报》(社会科学版),2007年。

36. 韩涛、范昱晖:《不告不理原则的理解与适用》,《江苏法制报》,2010年。

37. 何伟:《刑事诉讼控审分离原则研究》,《郑州航空工业管理学院学报》(社会科学版),2009年。

38. 贺国瑞:《从刑事诉讼客体看起诉权对审判权的制约作用》,《法制与社会》,2009年。

39. 胡铭:《联合国刑事司法准则视野下的再审程序改革——兼论一事不再理原则及其例外在我国的确立》,《研究生法学》,2005年。

40. 黄淳:《起诉事实同一性判断标准之我见》,《重庆工学院学报》(社会科学版),2009年。

41. 黄文:《论刑事控审分离原则的理论基础》,《理论与改革》,2004年。

42 冀亚明:《法院变更指控罪名制度研究》,《河北大学学报》,2011年。

43. 贾兵:《法院变更指控罪名研究》,《浙江工商大学学报》,2011年。

44. 江晓阳:《评人民法院变更指控罪名权》,《人民检察》,1999年。

45. 井翠翠:《刑事诉因变更制度研究》,《复旦大学学报》,2008年。

46. 孔红波:《论不告不理原则在刑事诉讼中的体现》,《法制与社会》,2007年。

47. 孔军、张文杰:《禁止重复追诉相关概念辨析》,《行政与法》,2012年。

48. 赖正直:《论刑事审判权的界限——以日本的诉因制度为借镜》,《中国刑事法杂志》，2008年。

49. 乐伟:《浅论生效民事判决对启动刑事追诉程序的影响——兼谈一事不再理原则的适用》,《中共郑州市委党校学报》，2008年。

50. 黎裕豪:《澳门刑事诉讼中的无罪推定原则和一事不再理原则》,《人民检察》，2010年。

51. 李婵媛:《刑事诉讼客体理论初探》,《中国政法大学刑事司法学院学报》，2007年。

52. 李长栓:《“告诉才处理”与“不告不理”翻译研究》,《法律语言学说》，2009年。

53. 李刚:《论刑事诉讼客体的功能》,《吉林大学学报》，2008年。

54. 李慧:《浅议一事不再理原则在国际刑事领域的适用》,《法制与经济》(上旬刊)，2001年。

55. 李惠民、张嘉福、陈宝琨:《立法应确立诉审同一原则》,《检察日报》，2007年。

56. 李慧敏:《公诉变更制度研究》,《湘潭大学学报》，2008年。

57. 李健民:《略论刑事诉讼法律关系》,《西北政法学院学报》，1986年。

58. 李景华、陈俊:《不告不理还是主动审查》,《人民法院报》，2002年。

59. 李娜:《对刑事诉讼法律关系的主体范围的思考》,《法制与社会》，2009年。

60. 李群:《刑事判决的既判力研究》,《西南政法大学学报》，2004年。

61. 李仁尚、吴观雄:《刑事诉讼中的不告不理原则论》,《西政法管理干部学院学报》，2004年。

62. 李文实:《浅析我国公诉变更的困境与出路》,《吉林大学学报》，2011年。

63. 李扬:《三论诉权理论在刑事诉讼中的导入——刑事诉因制度研究》,《政法论坛》，2009年。

64. 李薇、陈宇权、葛琳:《刑事再审改革中的五个关注点》,《检察日报》，2004年。

65. 李玉华:《日本的诉因制度研究》,《河北经贸大学学报》(综合版)，2004年。

66. 李哲：《刑事裁判的既判力研究》，《中国政法大学学报》，2005年。

67. 李哲：《刑事既判力相关范畴之比较》，《比较法研究》，2008年。

68. 李志美：《试论建立公诉变更制度的必要性》，《宿州学院学报》，2008年。

69. 林琳，肖桂丽：《论法院变更指控罪名制度》，《法制与社科》，2008年。

70. 刘博：《论刑事控审分离原则》，《河北大学学报》，2009年。

71. 刘芬：《构建我国公诉变更制度的几点思考》，《山西警官高等专科学校学报》，2007年。

72. 刘根菊、封利强：《论刑事第二审程序的审判范围——以程序功能为视角》，《时代法学》，2008年。

73. 刘磊：《诉审分离与罪名变更——以“公诉事实同一性”为中心》，《中国刑事法杂志》，2006年。

74. 刘立新：《一事不再理原则的确立与我国刑事再审程序的重构》，《中国政法大学学报》，2009年。

75. 刘庆岗：《控审分离原则在侦查程序中的制度体现》，《东方企业文化》，2010年。

76. 刘少军：《日本诉因制度评介》，《中国刑事法》，2004年。

77. 刘索娟：《论一事不再理原则在我国刑事诉讼中的构建》，《青岛大学学报》，2009年。

78. 刘晓兵：《日本诉因制度与我国公诉方式改革》，《贵州警官职业学院学报》，2005年。

79. 刘晓兵：《日本诉因制度论略》，《河北法学》，2007年。

80. 刘雅婷：《诉审同一原则下的罪名变更制度构建》，《法制与社会》，2010年。

81. 刘兆兴：《两大法系几个国家在既判力和刑事再审问题上的发展趋势》，《中国法律年鉴》，2011年。

82. 刘哲：《论诉因制度与我国的公诉改革》，《中国青年政治学院》，2008年。

83. 龙宗智：《论公诉变更》，《现代法学》，2004年。

84. 吕强、许岩：《公诉变更制度之完善》，《山西省政法管理干部学院学报》，

2010年。

85. 陆利平、张华:《法院变更指控罪名之比较探讨》,《河南司法警官职业学院学报》,2008年。

86. 陆远:《论检察机关在刑事诉讼中的角色定位与转换——兼谈不同阶段刑事诉讼法律关系》,《现代商贸工业》,2011年。

87. 罗真:《论我国法院变更指控罪名模式之选择与重构》,《法制与社科》,2007年。

88. 罗真:《论我国法院变更指控罪名模式之选择与重构》,《南江师范大学学报》,2008年。

89. 马东丽:《刑事既判力在我国刑法中的重构》,《湖南冶金职业技术学院学报》,2009年。

90. 马运立:《控审分离原则之法理探析》,《政法论丛》,2012年。

91. 毛忠强:《刑事诉讼一事不再理原则研究》,《武汉大学学报》,2005年。

92. 孟哲:《论刑事诉讼中控审分离原则的贯彻》,《中国政法大学学报》,2010年。

93. 牛振宇:《论刑事既判力原则的例外》,《河北大学学报》(哲学社会科学版),2004年。

94. 牛振宇:《刑事既判力原理论》,《河南省政法管理干部学院学报》,2003年。

95. 潘露:《公诉权与审判范围关系研究》,《浙江工商大学学报》,2008年。

96. 裴苍龄、易萍:《论刑事诉讼法律关系》,《法律科学》(西北政法学院学报),1996年。

97. 齐文远、金泽刚:《法院变更指控罪名观念误区与合理选择》,《人民法院报》,2002年。

98. 秦宗文:《一事不再理原则与我国刑事程序改革研究》,《学术研究》,2004年。

99. 邱先聪:《刑事诉讼中的不告不理原则探析》,《西南农业大学学报》(社会科学版),2009年。

100. 屈新:《比较法视野中的诉审同一问题》,《政法论坛》,2010年。

101. 曲忠鹏:《公诉变更制度研究》,《西南政法大学学报》, 2011年。

102. 桑月鹏、谢琼:《论我国刑事诉因变更制度之完善》,《中国检察官》, 2007年。

103. 施洁、陈红:《刑事判决对民事案件的既判力问题辨析》,《人民司法》, 2005年。

104. 宋世杰、彭海青:《论刑事诉讼中控审分离原则的理论与实践》,《湘潭大学学报》(社会科学版), 2002年。

105. 宋英辉:《论刑事程序中的控审分离》,《检察理论研究》, 1992年。

106. 宋赟:《论审判范围与起诉范围的同一性》,《刑事司法论坛》, 2009年。

107. 苏家成、王觐:《法院变更指控罪名应告知检察机关和被告人》,《人民法院报》, 2006年。

108. 孙建霞、沈丽:《不告不理与我国刑事诉讼》,《株洲师范高等专科学校学报》, 2004年。

109. 孙经志:《法院变更指控罪名应增加告知程序》,《江苏法制报》, 2006年。

110. 塔娜:《当事人主义与职权主义的冲突与妥协——以日本刑事诉讼诉因制度为视角》,《内蒙古农业大学学报》(社会科学版), 2009年。

111. 汤茂定:《刑事二审功能嬗变与控审分离原则的契合》,《黑龙江省政法管理干部学院学报》, 2006年。

112. 汤鸣:《一事不再理原则探析——兼论刑事判决的既判力问题》,《当代法学》, 2003年。

113. 腾炜:《刑事诉讼中"一事不再理原则"的运用》,《人民大学学报》,2004年。

114. 田全:《对案件事实认定同一性的思考》,《重庆科技学院学报》(社会科学版), 2008年。

115. 田小丰:《我国刑民交叉案件中的既判力问题研究——从一个案件引发的思考》,《行政与法》, 2011年。

116. 涂龙科、蔡晨成、高宇:《论诉因在我国公诉制度中的应用》,《政治与法律》, 2008年。

117. 万婷:《公诉变更制度研究》,《西南政法大学学报》, 2009年。

118. 汪建成、张向军:《刑事诉讼法律关系若干问题之研究》,《烟台大学学报》(哲学社会科学版), 1993年。

119. 王兵:《法院变更指控罪名程序构建之思考》,《法制与经济》(上半月), 2008年。

120. 王成:《论比较法视野中诉审同一》,《中国政法大学学报》, 2007年。

121. 王刚、沈莺:《论不告不理原则的由来》,《湖南省政法管理干部学院学报》, 2002年。

122. 王国安:《对法院变更指控罪名的思考》,《保定师范专科学校学报》, 2005年。

123. 王婧:《禁止重复追诉原则与刑事再审制度》,《才智》, 2008年。

124. 王梦飞:《刑事诉讼客体新探》,《北京科技大学学报》(社会科学版), 2004年。

125. 王明、康瑛:《法院变更指控罪名与辩护权的保护》,《中美"律师辩护职能与司法公正"研讨会文集》, 2003年。

126. 王明、康瑛:《法院变更指控罪名与辩护权的保护》,《法学杂志》, 2005年。

127. 王潇:《刑事公诉变更制度研究》,《内蒙古大学学报》, 2010年。

128. 王耀忠:《刑事既判力在我国刑法中的重构》,《法律科学》(西北政法学院学报), 2002年。

129. 王亦农:《论对法院变更指控罪名的限制》,《检察实践》, 2002年。

130. 王瑛杰、胡芬:《法院的审判范围和法律适用的问题研究》,《福建政法管理干部学院学报》, 2005年。

131. 魏开新:《法院变更指控罪名问题研究》,《中国政法大学学报》, 2007年。

132. 吴磊、李建明:《试论刑事诉讼法律关系的几个问题》,《中国法学》, 1990年。

133. 吴奇伟:《法院变更指控罪名应增加告知程序》,《人民法院报》, 2002年。

134. 吴鹏、张晶鑫:《从一事不再理原则看我国刑事再审制度》,《法制与社会》,

2006年。

135. 吴倩、张旭勇：《法院变更指控罪名问题研究》，《 法制与社科》，2007年。

136. 吴新梅、江英：《略论刑事诉讼中的"一事不再理"》，《云南警官学院学报》，2004年。

137. 武正营：《论刑事诉讼中的不告不理原则》，《南京师范大学学报》，2007年。

138. 肖本山：《控审分离在我国刑事诉讼中的现状及完善》，《安徽师范大学学报》（人文社会科学版），2002年。

139. 肖黎明、王晓芸：《民事部分再审不影响刑事裁判的既判力》，2004年。

140. 肖建国：《论刑事诉讼中的一事不再理原则》，《四川大学学报》，2005年。

141. 肖渭明：《论确立不告不理原则和诉之不可分及审判不可分原则》，《检察理论研究》，1994年。

142. 谢逢渲：《刑事控审分离原则初探》，《今日南国》（中旬刊），2010年。

143. 谢进杰：《刑事审判对象问题研究》，《四川大学学报》，2006年。

144. 谢进杰：《审判对象的运行规律》，《法学研究》，2007年。

145. 谢进杰：《论审判对象的变更及其控制》，《中山大学学报》（社会科学版），2007年。

146. 谢进杰：《审判对象变更机制述评》，《中国刑事法杂志》，2007年。

147. 谢进杰：《刑事审判对象变更机制实证考察》，《国家检察官学院学报》，2008年。

148. 谢进杰：《程序差别与审判对象》，《甘肃政法学院学报》，2008年。

149. 谢进杰：《论禁止重复追诉的机理》，《刑事法评论》，2008年。

150. 谢进杰：《中国刑事审判对象的实践与制度》，《北大法律评论》，2009年。

151. 谢进杰：《论审判对象的生成——基于刑事诉讼合理构造的诠释》，《北方法学》，2009年。

152. 谢佑平、万毅：《论刑事审判对象》，《云南法学》，2001年。

153. 谢佑平、万毅：《法院变更指控罪名制度探析》，《人民检察》，2001年。

154. 谢佑平、万毅：《论刑事控审分离原则》，《诉讼法论丛》，2002年。

155. 谢佑平、万毅:《刑事控审分离原则的法理探析》,《西南师范大学学报》(人文社会科学版),2002年。

156. 谢佑平、万毅:《刑事公诉变更制度论纲》,《国家检察官学院学报》,2002年。

157. 邢华东:《论我国公诉变更制度的完善》,《中国海洋大学学报》,2011年。

158. 徐松青、袁婷、张华:《诉讼代理人意见可作为法院变更指控罪名的路径之一》,《人民司法》,2009年。

159. 徐莹:《从一事不再理原则看我国刑事再审程序》,《太原师范学院学报》(社会科学版),2007年。

160. 薛曈曈:《困境中的思考:刑事判断既判力浅析》,《重庆文理学院学报》(社会科学版),2006年。

161. 杨虹:《比较法视野中的公诉变更制度之完善》,《国家检察官学院学报》,2003年。

162. 杨宏亮:《单位犯罪诉因变更若干问题研究》,《检察实践》,2005年。

163. 杨建民:《公诉变更的制度构建与法律效力探讨》,《理论建设》,2008年。

164. 杨杰辉:《英美法中诉因记载的法定要求及其借鉴意义》,《新闻实践》,2004年。

165. 杨杰辉:《刑事审判对象研究》,《西南政法大学学报》,2006年。

166. 杨杰辉:《犯罪构成要件视野下的刑事审判对象问题研究》,《中国刑事法杂志》,2009年。

167. 杨杰辉,温馨:《英美法诉因制度及其评析》,《中国刑事法杂志》,2009年。

168. 杨柳青:《法院主动启动再审未必违背控审分离原则——以刑诉为主要论域》,《社会科学家》,2008年。

169. 杨明:《刑事追诉权的限度之维——一事不再理原则在审前程序中的合理定位》,《辽宁大学学报》(哲学社会科学版),2007年。

170. 杨雪会、杨芳芳:《略论刑法溯及力与既判力的关系》,《漯河职业技术学院学报》,2008年。

171. 叶桂林:《刑事控审分离原则研究》,《安徽大学学报》, 2011年。

172. 银福成:《刑事诉讼控审分离原则研究》,《内蒙古大学学报》, 2005年。

173. 银福成:《我国刑事诉讼控审分离原则的现状与完善》,《内蒙古师范大学学报》(哲学社会科学版), 2006年。

174. 银福成、王银霞:《论刑事诉讼控审分离原则法理基础》,《前沿》, 2007年。

175. 于淼:《一事不再理原则与我国刑事再审制度》,《东方企业文化》, 2011年。

176. 袁会丽、吴洪峰:《我国法院变更指控罪名制度的构建》,《法制与社会》, 2010年。

177. 岳申:《浅论法院变更指控罪名与司法公正》,《阜阳师范学院学报》(社会科学版), 2005年。

178. 查小燕子:《论刑事诉讼中的一事不再理原则》,《四川大学学报》, 2006年。

179. 章海:《刑事诉讼法律关系若干问题探讨》,《法商研究》(中南政法学院学报), 1995年。

180. 张琛华:《公诉转自诉制度问题》,《山西经济管理干部学院学报》, 2005年。

181. 张道伟:《一事不再理原则研究》,《中国政法大学学报》, 2011年。

182. 张德咏、江显和:《刑事再审制度改革的理性思考——以一事不再理原则为视角》,《人民司法》, 2006年。

183. 张改清、韦鹏:《论刑事审判监督程序的提起主体——从控审分离的视角审视》,《河北法学》, 2003年。

184. 张弘:《诉因与公诉事实:两种公诉方式之效力评析》,《青岛科技大学学报》(社会科学版), 2007年。

185. 张剑秋:《刑事再审程序性质研究——兼论实体真实主义与既判力之间的矛盾》,《中国刑事法杂志》, 2003年。

186. 张磊、袁二方:《论〈国际刑事法院规约〉中的一事不再理原则》,《华北水利水电学院学报》(社科版), 2007年。

187. 张琳琳:《日本诉因制度研究综述》,《北京广播电视大学学报》, 2007年。

188. 张琳琳:《诉因制度在我国的构建》,《中国司法》, 2008年。

189. 张明新:《论法院变更指控罪名直接定罪的得失》,《 江苏公安专科学校学报》, 2001年。

190. 张瑞:《禁止重复追诉原则研究》,《南京师范大学学报》, 2011年。

191. 张伟:《试论刑事附带民事诉讼判决的既判力》,《河南省政法管理干部学院学报》, 2005年。

192. 张小玲:《论公诉变更权》,《中国刑事法杂志》, 1999年。

193. 张小玲:《刑事诉讼客体论》,《中国政法大学学报》, 2004年。

194. 张小玲:《我国刑事诉讼客体再研究》,《法制与社会》, 2009年。

195. 张小玲:《我国刑事诉讼客体再探究》,《 政法论坛》, 2010年。

196. 张晓薇、牛振宇:《刑事既判力与刑法溯及力的价值冲突域协调》,《江西社会科学》, 2007年。

197. 张烜:《论刑事诉讼的一事不再理》,《法制与社会》, 2011年。

198. 张学军、肖丽萍、敖荧:《刑事诉讼客体论》,《云南法学》, 1994年。

199. 张毅:《论一事不再理原则对刑事再审的规制》,《中国司法》, 2006年。

200. 张泽涛:《法院变更指控罪名的法理分析》,《法制日报》, 2002年。

201. 张泽涛:《我国起诉书撰写方式之缺陷及其弥补——以诉因制度与起诉书一本主义为参照系》,《法商研究》, 2007年。

202. 张泽涛:《禁止重复追诉研究——以大陆法系既判力理论为切入点》,《法律科学》(西北政法学院学报), 2007年。

203. 张泽涛:《诉因与公诉方式改革》,《中外法学》, 2007年。

204. 张子培:《论不告不理原则》,《法学评论》, 1991年。

205. 赵娟:《论禁止双重危险原则中的同一性问题——以美国法律实践为视角》,《河南公安高等专科学校学报》, 2008年。

206. 赵丽霞:《论控审分离原则在审前程序中的要求》,《忻州师范学院学报》, 2005年。

207. 赵钟、刘晖:《一事不再理与我国刑事再审程序的重构》,《河南司法警官职业学校学报》, 2006年。

208. 郑碧爽：《刑事裁判既判力原则刍议——论我国刑法第12条第2款》，《牡丹江大学学报》，2009年。

209. 周春燕：《犯罪构成与诉因理论研究》，《复旦大学学报》，2009年。

210. 周菁：《试论日本诉因制度之借鉴》，《国家检察官学院学报》，2003年。

211. 周敏：《刑事诉因制度研究》，《西南政法大学学报》，2011年。

212. 周平：《论刑事诉讼的一事不再理原则》，《法制与社会》，2010年。

213. 周山：《法院变更指控罪名问题研究》，《太原科技大学学报》，2007年。

214. 周山：《关于法院变更指控罪名问题的探讨》，《太原科技大学学报》，2009年。

215. 周松杉：《法院变更指控罪名新议》，《人民法院报》，2007年。

216. 朱叶：《论刑事诉讼上的一事不再理原则》，《社会科学辑刊》2004年。

217. 祝志军：《论我国刑事诉讼一事不再理原则》，《南昌大学学报》，2008年。

三、外文译著

1.［古希腊］亚里士多德：《政治学》，吴寿彭译，商务印书馆1981年版。

2.［法］笛卡尔：《哲学原理》，关琪桐译，商务印书馆1958年版。

3.［法］卡斯东·斯特法尼、乔治·勒瓦索、贝尔纳·布洛克：《法国刑事诉讼法精义》，罗结珍译，中国政法大学出版社1999年版。

4.［法］马里旦：《人和国家》，霍宗彦译，商务印书馆1964年版。

5.［法］孟德斯鸠：《论法的精神》，张雁深译，商务印书馆1961年版。

6.［法］卢梭：《社会契约论》，何兆武译，商务印书馆1982年版。

7.［法］托克维尔：《论美国的民主》，董果良译，商务印书馆1988年版。

8.［法］卡斯东·斯特法尼，乔治·勒索瓦，贝尔纳·布洛克：《法国刑事诉讼法精义》，罗结珍译，中国政法大学出版社 1999 年版。

9.［法］《法国刑法典、刑事诉讼法典》，罗结珍译，国际文化出版公司 1997 年版。

10.［法］《法国刑事诉讼法》，余叔通、谢朝华译，中国政法大学出版社1997年版。

11.［德］《德国刑事诉讼法典》，李昌珂译，中国政法大学出版社1995年版。

12.［德］汉斯·海因里希·耶塞克、托马斯·魏根特：《德国刑法教科书》［总论］，徐久生译，中国法制出版社 2001 年版。

13.［德］奥特马·尧厄尼希：《民事诉讼法》，周翠译，法律出版社2003年版。

14.［德］马克思、恩格斯：《马克思恩格斯全集》，第1卷，人民出版社1956年版。

15.［德］马克思、恩格斯：《马克思恩格斯全集》，第3卷，人民出版社1960年版。

16.［德］马克思、恩格斯：《马克思恩格斯全集》，第8卷，人民出版社1961年版。

17.［德］马克思、恩格斯：《马克思恩格斯选集》，第1卷，人民出版社1972年版。

18.［德］费尔巴哈：《费尔巴尔哈哲学著作选集》，荣震华、李金山等译，商务印书馆1984年版。

19.［德］弗兰茨·冯·李斯特：《德国刑法教科书》，徐久生译，法律出版社2000年版。

20.［德］黑格尔：《法哲学原理》，范扬、张企泰译，商务印书馆1982年版。

21.［德］黑格尔：《历史哲学》，王造时译，上海书店出版社1999年版。

22.［德］黑格尔：《哲学史讲演录》第2卷，贺麟、王太庆译，商务印书馆1983年版。

23.［德］康德：《纯粹理性批判》，蓝公武译，商务印书馆1960年版。

24.［德］康德：《道德形而上学原理》，苗力田译，上海人民出版社1986年版。

25.［德］康德：《法的形而上学原理—权利的科学》，沈叔平译，商务印书馆1991年版。

26.［德］康德：《历史理性批判文集》，何兆武译，商务印书馆1997年版。

27.［德］克劳思·罗科信：《刑事诉讼法》，吴丽琪译，法律出版社2003年版。

28.［德］拉德布普赫：《法律智慧赞句集》，舒国滢译，中国法制出版社 2001年版。

29.［德］拉德布鲁赫：《法学导论》，米健、朱林译，中国大百科全书出版社1997年版。

30.［德］拉伦茨：《法学方法论》，陈爱娥译，商务印书馆2003年版。

31.［德］叔本华：《作为意志和表象的世界》，石冲白译，商务印书馆1982年版。

32.［德］托马斯·魏根特：《德国刑事诉讼程序》，岳礼玲、温小洁译，中国政法大学出版社2004年版。

33.［俄］《俄罗斯联邦刑事诉讼法典》，黄道秀译，中国政法大学出版社 2002年版。

34.［韩］《韩国刑事诉讼法》，马相哲译，中国政法大学出版社2004年版。

35.［英］阿克顿：《自由与权力：阿克顿勋爵论说文集》，侯健、范亚峰译，商务印书馆2001年版。

36.［英］彼得·斯坦、约翰·香德：《西方社会的法律价值》，王献平译，中国人民公安大学出版社1990年版。

37.［英］弗兰西斯·培根：《培根人生论》，何新译，陕西师范大学出版社2002年版。

38.［英］霍布斯：《利维坦》，黎思复、黎廷弼译，商务印书馆1985年版。

39.［英］卡尔·波普尔：《通过知识获得解放》，范景中、李本正译，中国美术学院出版社1996年版。

40.［英］罗杰·科特威尔：《法律社会学导论》，潘大松、刘丽君、林燕萍、刘海善译，华夏出版社1989年版。

41.［英］梅因：《古代法》，沈景一译，商务印书馆1996年版。

42.［英］雷蒙·威廉斯：《关键词：文化与社会的词汇》，刘建基译，生活·读书·新知三联书店2005年版。

43.［英］《英国刑事诉讼法（选编）》，程味秋、陈瑞华、杨宇冠等译校，中国政法大学出版社 2001 年版。

44.［美］艾伦·德肖微茨：《最好的辩护》，唐东交译，法律出版社1994年版。

45.［美］爱伦·豪切斯泰勒·斯黛丽、南希·弗兰克：《美国刑事法院诉讼程序》，陈卫东、徐美君译，中国人民大学出版社2002年版。

46.［美］伯纳德·施瓦茨：《美国法律史》，王军、洪德、杨静辉译，中国政法大学出版社1990年版。

47.［美］波斯纳：《法律的经济分析》，蒋兆康、林毅夫译，中国大百科全书出版社1997年版。

48.［美］博西格诺等：《法律之门：法律过程导论》，邓子滨译，华夏出版社2002年版。

49.［美］德沃金：《法律帝国》，李常青译，中国大百科全书出版社1996年版。

50.［美］汉密尔顿、杰伊、麦迪逊：《联邦党人文集》，程逢如、在汉、舒逊译，商务印书馆1980年版。

51.［美］亨德里克·房龙：《宽容》，连卫、靳翠微译，生活·读书·新知三联书店1985年版。

52.［美］杰弗里·C.哈泽德、米歇尔·塔鲁伊：《美国民事诉讼法导论》，张茂译，中国政法大学出版社1999年版。

53.［美］罗斯科·庞德：《普通法的精神》，唐前宏、廖湘文、高雪原译，法律出版社2001年版。

54.［美］孟罗·斯密：《欧陆法律发达史》，姚梅镇译，中国政法大学出版社1999年版。

55.［美］米尔伊安·R.达玛什卡：《司法和国家权力的多种面孔——比较视野中的法律程序》，郑戈译，中国政法大学出版社2004年版。

56.［美］P.诺内特、P.塞尔兹尼克：《转变中的法律与社会：迈向回应型法》，张志铭译，中国政法大学出版社2004年版。

57.［美］乔治·霍兰·萨拜因：《政治学说史》，盛葵阳、崔妙因译，商务印书馆1986年版。

58. [美] 亚历克斯·卡利尼克斯:《平等》，徐朝友译，江苏人民出版社2003年版。

59. [美] 伟恩·R.拉费弗、杰罗德·H.伊斯雷尔、南西·J.金:《刑事诉讼法》，卞建林、沙丽金等译，中国人政法大学出版社2003年版。

60. [美] 约翰·亨利·梅利曼:《大陆法系——西欧拉丁美洲法律制度介绍》，顾培东、禄正平译，知识出版社1984年版。

61. [美] 约翰·罗尔斯:《正义论》，何怀宏、何包钢、廖申白译，中国社会科学出版社1988年版。

62. [美] 詹姆斯·安修:《美国宪法解释与判例》，黎建飞译，中国政法大学出版社1994年版。

63. [美] 埃德加·博登海默,《法理学——法律哲学和方法》，张智仁译，上海人民出版社 1992 年版。

64. [美]《美国联邦刑事诉讼规则和证据规则》，卞建林译，中国政法大学出版社 1996 年版。

65. [加]《加拿大刑事法典》，卞建林等译，中国政法大学出版社1999年版。

66. [意] 贝卡里亚:《论犯罪与刑罚》，黄风译，中国大百科全书出版社1993年版。

67. [意] 彼德罗·彭梵得:《罗马法教科书》，黄风译，中国政法大学出版社1992年版。

68. [意] 戴维·奈尔肯编:《比较刑事司法论》，张明楷等译，清华大学出版社2004年版。

69. [意] 恩里科·菲利:《犯罪社会学》，郭建安译，中国人民公安大学出版社1990年版。

70. [意] 菲利:《实证派犯罪学》，郭建安译，中国政法大学出版社1987年版。

71. [意] 切萨雷·龙勃罗梭:《犯罪人论》，黄风译，中国法制出版社2005年版。

72. [意] 朱塞佩·格罗索:《罗马法史》，黄风译，中国政法大学出版社1994年版。

73.［意］《意大利刑事诉讼法典》，黄风译，中国政法大学出版社1994年版。

74.［日］谷口安平：《程序的正义与诉讼》，王亚新、刘荣军译，中国政法大学出版社2002年版。

75.［日］河合弘之：《律师职业》，康树华译，法律出版社1987年版。

76.［日］棚濑孝雄：《纠纷的解决与审判制度》，王亚新译，中国政法大学出版社2004年版。

77.［日］松尾浩也：《日本刑事诉讼法》，丁相顺、张凌译，中国人民大学出版社2005年版。

78.［日］田口守一：《刑事诉讼法》，刘迪、张凌、穆津译，法律出版社2000年版。

79.［日］西园春夫主编：《日本刑事法的形成与特色》，李海东等译，法律出版社与成文堂1997年版。

80.［日］小野清一郎：《犯罪构成要件理论》，王泰译，中国人民公安大学出版社2004年版。

81.［日］中村英郎：《新民事诉讼法讲义》，陈刚、林剑锋、郭美松译，法律出版社2001年版。

82.［日］《日本刑事诉讼法》，宋英辉译，中国政法大学出版社2000年版。

83.［日］铃木茂嗣：《刑事诉讼的基本构造——审判对象论序说》，成文堂昭和 54年版。

84.［日］土本武司：《日本刑事诉讼法要义》，董璠舆、宋英辉译，五南图书出版有限公司 1997 年版。

85.［葡萄牙］T.P.贝莱扎：《〈澳门刑事诉讼法典〉中诉讼客体之变更》，载《澳门法律学刊》（第四卷第一期）。

86.《澳门刑法典·澳门刑事诉讼法典》，澳门政府法律翻译办公室/译，中国政法大学澳门研究中心、澳门政府法律翻译办公室/编，法律出版社1997年版。

四、英文著作

1. Andrew Sanders and Richard Young, *Criminal Justice*, Butterworths, 2000.

2. *Black's Law Dictionary*, West Publishing Company, 1979.

3. Jay A. Sigler, *Double Jeopardy*, Cornell University Press, 1969.

4. John Sprack, *Emmins on Criminal Procedure*, Blackstone Press Limited, 2000.

5. Oliver Wendell Holmes, *The Path of the Law*, Harvard L.Rev, Vo1.10.

6. R.A.Duff, *Trial and Punishment*, Cambridge University Press,1986.

7. Ronald L. Carlson, *Criminal Justice Procedure*, Anderson Publishing Co., 1991.

8. Ronald Jay Allen, William J. Stuntz, Joseph L. Hofbnann, Debra A. Livingston, *Comprehensive Criminal Procedure*, Aspen Publishers, INC., 2003.

9. Willard, *The Seventeenth Century Indictment in the Light of Modern Conditions*, Harvard L.Rev, Vo1.24.

10. Yale Kamisar, Wayne R. Lafave, Jerold H.Israel, Nancy King, *Modern Criminal Procedure*. West Group, 1999.

11. Shigemitsu Dando, *Japanese criminal procedure*, translated by B.J.George, Jr. Fred B.Rothman & Co.

12. John Sprack, *Emmins on criminal procedure*, Blackstone press limited.

13. Jerold H. Israel & Wayne R. Lafava, *Criminal Procedure*, West Group.

14. Charles H. Whitebread, *Criminal Procedure—An Analysis of Constitutional Casesand Concepts*, The Foundation Press, Inc.

15. James E. Scarboro & James B. White, *Constitutional Criminal Procedure*, The Foundation Press, Inc.

16. Joseph G. Cook & Paul Marcus, *Criminal Procedure*, Matthew Bender& Company Inc.

五、英文案例

1. Ashe v. Swenson, 397 U.S. 436, 90 S. Ct. 1189, 25 L. Ed. 2d 469 (1970).

2. Benton v. Maryland, 395 U.S. 784, 89 S. Cc. 2056, 23 L Ed. 2d 707 (1969).

3. Blockburger v. United States, 284 U.S. 299, 52 S. Ct. 180, 76 L. Ed. 306 (1932).

4. Crist v. Bretz, 437 U.S. 28, 98 S. Ct. 2156, 57 L Ed. 2d 24 (1978).

5. Green v. United States, 355 U.S. 184, 78 S. Ct. 221, 2 L. Ed. 2d 199 (1957).

6. Illinois v. stale, 447 U.S. 410,100 S. Ct. 2260, 65 L. Ed. 2d 228 (1980).

7. Lockhart v. Nelson, 488 U.S. 33, 109 S. Ct. 285,102 L. Ed. 2d 265 (1988).

8. North Carolina v. Pearce, 395 U.S. 711, 89 S. Ct. 2072, 23 L. Ed. 2d 656 (1969).

9. Russell v. United States, 369 U.S. 749, 82 S. Ct. 1038, 8 L. Ed. 2d 240 (1962).

10. Sanabria v. United States, 437 U.S. 54, 98 S. Ct. 2170, 57 L. Ed. 2d 43 (1978).

11. United States v. Ball, 163 U.S. 662, 16 S. Ct. 1192, 41 L. Ed. 300 (1896).

12. United States v. DiFrancesco, 499 U.S. 117, 101 S. Ct. 426, 66 L. Ed. 2d 328 (1980).

13. United States v. Scott, 437 U.S. 82, 98 S. Ct. 2187, 57 L. Ed. 2d 65 (1978).

六、日文著作

1．安富潔，訴因論，月刊アーテイタル，186,2001.9。

2．大久保太郎，「審判の対象」の現実的考察—公訴事実対象説の実情と訴因対象説への疑問，法曹時報，36(3),1984.3。

3．横川敏雄，訴因と公訴事実との関係—早稲田大学における最終講義，早稲田法学，59(l~3),1984。

4．鈴木茂嗣，刑事訴訟の基本構造—成文堂，1979年。

5．鈴木茂嗣，刑事訴訟法，青林書院，1988年。

6．平良木登規男，訴因と公訴事実，警察学論集，54(3),2001.3;54(4),2001.4

7 . 平野龍一，刑事公訴法，有斐阁，1958年。

8 . 平野龍一，訴因と証拠，有斐阁，1981年。

9 . 上口裕，審判の対象と裁判の効力，法学ヤミナー，44(12),1999.12。

10. 田宫裕，一事不再理の原則，有斐閣，1978年。

11. 田宫裕，刑事訴訟法，有斐閣,1996年。

12. 田口守一，争点と訴因，刑事法の理論と突践，西原春夫〔ほか〕编，第一法規出版，2002.11。

13. 团藤重光，新刑事訴訟法綱用，創文社，1972年。

14. 香城敏麿，訴因制度の構造，判例時報，1236,1987.8.11；1238,1987.8.21；1240,1987.9.11。

15. 小林充，訴因と公訴事実，判例タイムズ，38(25),1987,11.1.

后　记

经过一年的工作,《跨学科交叉研究方法的中国实践——以若干犯罪问题研究为切入点的》一书即将付梓。这是笔者的第六本专著和第七本学术作品，也是笔者近年来对法学研究方法的一点思考。

跨学科交叉研究方法，已经成为目前国际学术界最重要的研究方法。在重大基础理论创新和前沿科技领域取得突破的国家无不重视跨学科交叉研究，力图打破学科界限，破除跨学科交叉研究的制度壁垒。这种跨学科的交叉研究，提供给法学学者大量崭新的思路，笔者受这种国际化的跨学科交叉研究方法的启发，在本书中也尝试对我国若干刑事领域问题运用这种方法进行分析和探索。例如，以法学（证据法/刑法）、侦查学和金融学理论交叉研究金融犯罪刑事证据运用的逻辑，以社会学、刑罚学和被害人学理论交叉研究校园霸凌的社会综合治理问题，以侦查学、证据学、刑事诉讼法学和宪法学的理论交叉研究如何建立搜查措施的适用条件（证明对象）和证明标准，以军事法、战争法和刑事诉讼法理论交叉研究海外派遣军事人员刑事司法管辖豁免问题，以法学、伦理学和社会心理学的理论交叉研究侵犯信息安全的规制问题。

本书共分六章，是笔者运用跨学科交叉研究方法对若干刑事领域问题进行的分析，其中第二章由陆栋博士撰写，第六章第二节由巨言撰写、第三节由周景斌撰写，其余各章由笔者撰写，田淼主任则从司法实务角度进行了修改补充。拙作错漏之处在所难免，还请读者多提宝贵意见。

在此，我要感谢我的博士导师中国人民公安大学的崔敏教授和博士后导师中国社会科学院法学研究所的王敏远研究员、中国社会科学院法学研究所创新工程项目组的首席专家刘仁文研究员、北京大学的陈瑞华教授和中国社会科学院法学研究所的冀祥德研究员，感谢他们给予我的指导。同时，我要感谢哥伦比亚大学法学院中国法中心和牛津大学法学院犯罪学中心的各位教授，感谢他（她）们给予我的灵感和思路。

在撰写本书时，我的朋友和学生们一如既往地给予我很大的支持与帮助，在此对他们致以诚挚的感谢!